Delega bien © Víctor Salgado, 2018

Primera edición: diciembre 2018

ISBN: 9781792018176

Impresión independiente

Delega bien

Delega bien

Víctor Salgado

Índice

Agradecimientos

Quiero agradecer a mi padre, Víctor G. Salgado E., quien ha sido mi maestro y mi guía. Él ha sido la persona que más me ha impulsado a encontrar el porqué de las cosas y este impulso me ha vuelto una persona sumamente curiosa y atenta. Estos atributos son los que me permitieron ir atando cabos de por qué algunas personas delegaban mejor que otras y me permitieron formar este modelo.

Quiero agradecer a mi madre, E. Maricela Carmona E., quien me enseñó a no detenerme, a pensar en grande, a preguntarme constantemente Y, ¿por que no?

Sin ese impulso la idea de hacer un libro hubiera sido impensable, mucho más la de hacer una serie completa.

Gracias a ambos por su constante impulso y amor. Los quiero.

También quisiera agradecer a los clientes que más me han ayudado a crecer, sin ellos no hubiera podido obtener el conocimiento y experiencia necesarios para realizar este proyecto:

Jorge García, Lázaro Guerra, Hugo Baxter, Arístides Palma, Dario Garza, Juan Garza, Moises Rivera, Andrés Farías y su gran equipo, Gilberto Villarreal, Andrés Benavides, David Laborín, Eduardo Velarde, Rogelio Bueno, Daniel

Treviño, Salvador Martínez, Francisco San Vicente, Juan Ruiz, Jaime Villarreal, Eduardo Garza, German Kasten, Violeta Villarreal, Marco Sens, Mario Laborín, Eduardo González, Rodrigo González, Carlos Marín y Tomás Marín.

Gracias por la confianza a través de todos estos años.

Gracias a mis amigos, colaboradores y gente muy cercana:

Bárbara Bueno, por apoyarme en todas mis aventuras y decirme tu punto de vista sincero y real siempre. Nunca dejes de hacerlo.

Paula Guarneros, por ayudarme a editar este libro y por toda su paciencia para hacerme ver las cosas desde otro punto de vista.

Laura Ortiz, por su gran diseño para la portada y las figuras ilustrativas.

Andrés Farías, Rogelio Bueno y Ricardo Ganem, por sus grandes aportaciones al esqueleto del texto, mismas que ayudaron a que este libro se convirtiera en algo de lo que estoy muy orgulloso.

Arturo Ramírez, sin duda el aportador de ideas y cambios que más influyó. Muchas gracias, hermano.

Introducción

Recuerda para qué iniciaste tu negocio

Nadie empieza un negocio pensando en ser esclavo de dicho negocio.

Cualquier persona que empieza un negocio comienza con muchas metas en mente y todos los dueños con los que he podido platicar tienen algo en común: lo pusieron para tener libertad.

- La libertad que te da no tener un jefe.
- Libertad para irte de vacaciones más de 10 días al año si quieres.
- La libertad de tener dinero suficiente como para darle mejor educación y oportunidades a su familia.
- Libertad de tener una casa de campo, un departamento en la playa o alguna otra propiedad y formar un patrimonio.

Para esto pusiste tu negocio tú también.

Lo que debe de estar ocurriendo en este momento es que en tu negocio las cosas no sean color de rosa:

El banco no te presta y hay noches en las que no duermes porque no sabes cómo vas a pagar la nómina.

Tienes más de un año sin hacer inventario porque sabes que no va a cuadrar, sabes que alguien te esta robando.

Comenzaste el negocio muy optimista sin tener el capital suficiente porque creías que los clientes iban a llegar en manada pero llegaron a cuenta gotas.

La competencia se ha puesto muy fuerte y has tenido que bajar precios.

Los empleados te robaban y ahora tienes que estar pegado a la caja registradora.

Tenías un cliente enorme y muchos clientes chiquitos, y el día que el cliente grande te dijo adiós el negocio casi quiebra.

Eres el primero que llega al negocio y eres el último en irse. Todos tus empleados reciben su sueldo de manera puntual y tú te tienes que esperar al último para ver si quedó algo para ti y tu familia.

¿Te suena familiar?

¿Qué pasó?

¿No que habías puesto el negocio para lograr una "libertad"?, ¿dónde está esa libertad?

Cualquiera diría que no eres libre, sino lo contrario; eres un esclavo de tu negocio.

La pregunta más importante sería ¿Cuándo va a llegar dicha libertad?, ¿cuándo vas a tener esa casa?, ¿cuándo vas a tener esas vacaciones?, ¿cuándo vas a dejarles un patrimonio a tus hijos?, ¿cuándo vas a ser realmente un empresario?

Un cliente me confesó hace poco que, si hubiera sabido que tener un negocio iba a ser tan complicado, mejor se hubiera quedado de empleado.

Supongo que esa idea te ha cruzado la cabeza. No eres el único, es un mal de muchos, ojalá y esto no te consuele.

El 80% de los empresarios que inician un negocio termina cerrándolo antes de cumplir 5 años. Y sólo el 4% llega a 10 años con su negocio. Y de ese 4% que sobrevive más de 10 años, sólo el 10% logra dicha libertad.

En otras palabras, de cada 1,000 empresarios que inician un negocio, sólo 4 logran dicha libertad. ¿Qué hace que un negocio sí logre dar esa libertad y otros no?

No es el negocio, es el dueño.

Nadie sabe en lo que se esta metiendo cuando inicia un negocio, y vamos aprendiendo sobre la marcha.

Aquel dueño que logra aprender más (sobre sus clientes, sobre su equipo, sobre su negocio) y aplicarlo mejor, se convierte, por lo tanto, en un mejor dueño de negocio; el que no, termina siendo esclavo y probablemente lo cierre o peor... se acostumbre a ser esclavo.

No existen buenos o malos negocios, existen buenos y malos dueños de negocio. O dueños que aprenden rápido y dueños que no.

¿A que viene todo esto?

Si tú tienes un negocio, seguramente lo pusiste para obtener la libertad de la que hablo. Por otro lado, 4 de cada 1,000 logran llegar a esta "libertad": Las posibilidades de que tú lo logres (si tu negocio tiene menos de 5 años) es de 1 en 250. Más vale que te pongas las pilas y aprendas a ser un buen empresario lo más rápido que puedas.

De la serie *Esclavo de tu negocio*

Soy asesor de negocios PYMES desde hace más de 14 años. En mi experiencia con cientos de empresarios he descubierto que existen diferentes etapas en la vida de un negocio.

Al iniciar es un **emprendedor**.

Cuando tiene un rato con su negocio pero no ve la luz, está "atrapado" entre mil pendientes y fuegos que apagar, y por más que trabaja y trabaja pareciera que no avanza, está en una etapa que llamo **esclavo de su negocio**.

Pasando esta etapa se vuelve un **operador del negocio,** sigue estando al frente y sigue trabajando, pero ya tiene un poco más de claridad de lo que tiene que hacer y no se siente atrapado.

La última etapa la llamo **inversionista de su negocio.** En esta etapa el empresario deja de intercambiar su tiempo, ya no es un empleado del negocio; es decir, ya no tiene que ir al negocio y el negocio sigue creciendo. Ya tiene libertad.

Sin duda, el objetivo primordial es llegar a la última etapa. Pero, como mencioné, de 250 personas que inician un negocio, sólo una llega a esta etapa y el 90% no pasa de la etapa de esclavitud.

Mi objetivo con esta serie es ayudar a estos empresarios, a los esclavos de su negocio. En mi cabeza está claro que son los que necesitan más ayuda, los que tienen menos tiempo para pensar en cómo salir de la zona que los tiene atrapados y creo que son los que más se podrían beneficiar del poco o mucho conocimiento que he logrado reunir en estos años trabajando de cerca con empresarios de PYMES.

En estos momentos, mientras escribo, tengo en mente 2 libros más, pero creo que podrían ser al menos 5. No comienzo con ventas, *marketing* o finanzas por un sencilla razón: creo que lo que más necesitan estos empresarios es ver la luz, tener un rayito de esperanza, una "salida". Y como mencioné, estos empresarios están constantemente apagando fuegos, trabajan más de 10 horas diarias y (para colmo de males) su negocio no es tan lucrativo como quisieran.

La esperanza o rayito de luz del que hablo **es tiempo.** No necesitan saber cómo vender más, necesitan tener más tiempo para salirse a vender. No necesitan más ideas de cómo hacer marketing, necesitan más tiempo para empezar a hacerlo. No necesitan que alguien les diga cómo llevar sus finanzas, necesitan tiempo para llevar sus finanzas.

Y no tienen tiempo porque se la pasan apagando fuegos: fuegos que son causados principalmente porque no saben delegar bien.

No es raro encontrarse a dueños de negocio haciendo entregas, yendo al banco a hacer un depósito, haciendo inventario o vendiendo en la calle. Y no hay nada de malo en hacer estas cosas, lo malo sería que tuvieras gente para hacerlo y a pesar de eso sigas haciendo todas estas cosas en vez de dejar que lo hagan ellos.

La cosa se complica cuando usas TU tiempo para hacer estas cosas en lugar de hacer otras que podrían ser más importantes como definir estrategias de ventas y marketing o tener en orden tus finanzas.

Más información en www.esclavodetunegocio.com

Delega bien

La mayoría de las personas cree que no sabe delegar. Piensa que no sabe delegar porque cuando lo ha hecho ha tenido resultados que no eran lo que esperaba.

Creemos que si le pedimos algo a alguien, lo hará a la perfección tal y como nosotros lo queríamos. Como no es lo que ocurre, pensamos que delegar las cosas no es para nosotros y preferimos hacerlas nosotros mismos.

En concepto, delegar es eso, pedirle a alguien que haga las cosas. Pero no será suficiente, aunque seamos el jefe o el dueño del negocio. Delegar bien significa suponer que las cosas no se van a hacer tan solo por pedirlas y requiere de más que pedir que alguien haga algo.

La buena noticia es que hasta cierto punto tienes razón, probablemente no sepas delegar. Probablemente has pensado toda tu vida que delegar es algo mágico, que algunas personas tienen el don para delegar y que las cosas se hagan, y otras no nacieron con este don (y que tú eres una de ellas). Aquí es donde estás equivocada(o).

Saber delegar bien no es un don, no es mágico, ni es algo que no puedas hacer. Si tienes un negocio o un equipo de empleados a los que tienes que dirigir y ayudar a que consigan cosas, eres alguien que NECESITA delegar constantemente. Necesitas lograr que otras personas hagan cosas, que las hagan bien y que las hagan a la primera; de lo contrario estarás condenado a hacerlas tú mismo.

Lo que propongo en este libro es un modelo sencillo de 3 pasos que te permitirá lograr que tu gente empiece a hacer más y mejores cosas en menos tiempo. No es sencillo, pero tampoco es algo del otro mundo.

Lleva por título *Delega bien* porque creo que la mayoría de las personas aprenden a delegar con una idea equivocada: No se trata de pedir las cosas y ya, se trata de todo un proceso y puedo asegurarte que tendrás mejores resultados si sigues mi modelo.

Sobre el libro

Aunque mi mercado meta son los empresarios, sobre todo los que están en una etapa de esclavitud, este libro en particular puede servir para cualquier jefe (aunque tenga 30 empleados, 100 empleados o un empleado). Estas páginas contienen una receta para hacer que las cosas sucedan mejor y más rápido.

No se trata de ser un tirano, pero sí de ser alguien que se comunica mejor, da un mejor seguimiento y es justo al establecer y hacer cumplir las consecuencias de un trabajo bien hecho o de uno mal hecho.

En resumen, de esto se trata el libro. No quise hacerlo tipo receta solamente, sino que quise darle un poco de contexto y en dicho contexto explico cómo es que nuestra cultura tiene algo que ver con nuestra falta de habilidad para delegar correctamente y cómo algunas figuras de autoridad que tuviste durante tus años en la escuela son modelos para ayudarte a sacar lo mejor de tu equipo.

Después de explicar este contexto, explico la receta de manera sencilla y puntual para que puedas empezar a aplicar esta manera de pedir las cosas a partir de ya.

El libro está escrito en un lenguaje sencillo y poco académico. La intención es que sea un libro que no te aburra tanto y pueda ser leído tanto por un doctor en economía como por aquella persona que saliendo de secundaria puso su negocio.

Parte I.
¿De dónde venimos?

El valor de tu tiempo

¿Cuánto ganas por hora? Divide todo lo que ganas al mes entre la cantidad de horas que trabajas. Después dime cuánto ganas por hora. Ya que viste tu número, probablemente no estés contento. Nadie lo está la primera vez que lo ve.

Esta es la medición más importante para cualquier dueño de negocio (o jefe) sin lugar a dudas; no es cuánto vendiste, cuántas utilidades tuviste, cuántos empleados tienes o cuántos mercados atacas. La pregunta del millón es cuánto ganas por hora de trabajo.

¿Por qué es tan importante esta pregunta? ¿Recuerdas cuando empezaste tu negocio?, ¿para qué lo empezaste? Si eres como el resto de los cientos de personas con las que he platicado, definitivamente NO lo empezaste para estar ocupado todo el tiempo.

A lo mejor lo empezaste porque no tenías otra opción, porque querías libertad o porque eras muy bueno en lo que hacías y viste la posibilidad de ganar más dinero si lo hacías por tu cuenta. Sea por la razón que sea, no lo empezaste para esclavizarte. Nadie empieza un negocio con la idea de convertirse esclavo de su empresa.

Al contrario, en los momentos más optimistas y soñadores de tu negocio, confiabas en jubilarte antes de los 50, en tener esa casa en la mejor colonia de tu ciudad, en cómo el negocio se lo ibas a poder pasar a tus hijos o inclusive en cómo, gracias a que tenias un negocio, ahora sí podrías tener más vacaciones. Pasó el tiempo y te olvidaste de estos momentos optimistas, y te volviste más "realista" y entendiste que no todo eso era posible, al menos no todavía.

¿Por qué es tan importante lo que ganas por hora entonces? **Porque es la unidad de velocidad que tienes para llegar a esos momentos optimistas.**

Si estás ganando poco por hora significa una de dos: le estás dedicando mucho tiempo o estás ganando muy poco. Si estás ahí, estás en la peor etapa de cualquier empresario, la de esclavitud crónica. Si estás ganando mucho por hora significa también una de dos: le estas dedicando poco tiempo a tu negocio o está generando muchísimo dinero.

Entre ganar poco por hora y ganar mucho por hora, ¿cuál prefieres? ¿Será más fácil cumplir tus sueños ganando poco por hora o ganando mucho por hora?

Además, (por si no fuera suficiente) tu vida, mi vida y la de cualquier ser vivo está compuesta por unidades de tiempo; tienes 24 horas cada día y, en el mejor y excepcional de todos los casos, podrías vivir hasta los 122 años (récord actual) ¡Pero no más! Digamos que le estás poniendo un precio a tu vida (en horas), ¿qué dice de ti si lo que estás recibiendo por ella es poco?, ¿qué dice de ti si es mucho?

Detrás de cuánto ganas por hora se esconde una gran cantidad de cosas que hablan fuertemente de ti como empresario. No lo olvides, es el indicador MÁS IMPORTANTE DE CUALQUIER EMPRESARIO: entre más alto sea el valor por hora, mejor empresario eres... PUNTO.

Entonces, si lo más importante es ganar más por hora…
¿qué tienes que hacer para ganar más por hora? **La respuesta es hacer que tus horas sean más valiosas.**

Haces muchas cosas todos los días, muchas de ellas son importantes y te ayudan a ganar más dinero; otras, a gastar menos tiempo. Ambos casos son muy buenos; sin embargo, hay muchas otras cosas que no te ayudan a generar dinero y son un "gasto de tu tiempo".

Por ejemplo, me ha tocado ver a empresarios que deciden ir al banco a tramitar un crédito en vez de mandar a su contador a hacer la solicitud, juntar la papelería y empezar el trámite de manera que, al final del proceso, él sólo tenga que firmar. También he visto cómo deciden conseguir un *maestro* que les ayude a hacer la ampliación de las oficinas, mientras lo supervisan y compran el material, en lugar de pedirle a una firma que se encargue.

En ambos casos, el razonamiento es el mismo: en lugar de mandar a mi contador, lo hago yo porque mi contador me sale caro. Igual con el arquitecto/ingeniero, contratan al maestro y están detrás de él, además de buscarle y comprarle el cemento, invirtiendo su tiempo porque parecería que sale más barato que emplear a una firma constructora.

Pareto estipulaba que el 80% del resultado se da con el 20% de la inversión o viceversa, que el 80% de la inversión sólo genera el 20% del resultado (en muy pocas palabras). Aterrizando este concepto a nuestra situación: el 80% de lo que ganas se da gracias al 20% del tiempo que inviertes. Y el 80% de tu tiempo lo inviertes en tonterías que generan apenas el 20% de resultado. Tonterías como las que comento: ir al banco, hablar con un cliente, hacer la contabilidad, contratar un maestro de albañilería, etcétera, etcétera.

Vuelve a revisar el número de lo que ganas por hora. Ahora dime, ¿Cuánto crees que deberías de ganar por hora? Probablemente mucho más, me atrevería a decir que al menos el doble. Para ganar más por hora te preguntaría qué pasaría si dejaras de hacer todas esas cosas que consumen tiempo y no dan más que un 20% del resultado.

¿Qué pasaría si tuvieras el 80% de tu tiempo libre?, y no necesariamente para ir a tu casa a ver tele, pero sí para:

1. Buscar nuevas oportunidades, como abrir otra tienda en una plaza comercial nueva.
2. Buscar nuevos proveedores o nuevos clientes.
3. Hacer una campaña de *marketing* digital.
4. Jugar golf y conocer a un potencial gran cliente.
5. Tomar un curso que te enseñe a contratar mejor.
6. Hacer un viaje para visitar una feria/exposición en Shanghái y encontrar nuevos proveedores
7. Proponer un plan de incentivos para tu gente.

Estoy seguro de que estás tan ocupado trabajando que ya no tienes tiempo para hacer cosas importantes y estratégicas como lo que acabo de mencionar. Si bien es posible que no todas te den más dinero el próximo mes, si te darán mejores resultados en un año, si es que las llevas a cabo.

Entonces, ¿crees que si pudieras encontrar nuevas oportunidades, nuevos mercados, nuevos puntos de venta, etc., ganarías más dinero a corto o largo plazo? Te apuesto a que sí.

Ahora, por un lado tengo la cantidad de dinero que gano por hora y me hace llorar. Por otro lado, el 80% de las cosas que hago no son importantes. Finalmente, no tengo tiempo para hacer lo importante/estratégico, como mencionamos. ¡Qué dilema!, ¿no?

Pensemos en algo sencillo como llevar la contabilidad, revisar reportes, hacer algunas llamadas, algo que a lo mejor una secretaria podría hacer… o en esas idas al banco que un chofer podría hacer. Todas esas llamadas hechas para concertar citas, un vendedor podría hacerlas.

Estoy seguro de que sabes para dónde voy y por dentro me vas a decir: "no me vayas a pedir que contrate gente porque dejo de leer". Para nada, no te voy a pedir que contrates a nadie, te voy a pedir que hagas la siguiente cuenta: tu hora debería valer el doble de lo que vale ahora y necesitas hacer algunas cosas indispensables para lograrlo (y ahorita no tienes tiempo).

¿Cuánto vale la hora de una secretaria, de un chofer o de un vendedor? Haz la cuenta. Una secretaria, en promedio (en México en 2018) gana entre 7 y 12 mil pesos mensuales más la carga fiscal, digamos algo entre 10 y 18, y estoy hablando de una buena secretaria. En promedio digamos que cuesta 12,000 pesos mensuales. Dicha secretaria trabaja en promedio 200 horas al mes. Por lo tanto, una buena secretaria me costaría 60 pesos por hora; un chofer, entre 30 y 45 pesos por hora, y un vendedor, entre 60 y 80 pesos por hora.

¿Cuánto dices que vale tu hora en este momento?, ¿cuánto dices que debería y pudiera valer si tuvieras más tiempo? ¿Cuánto vale la hora de esas personas que te podrían ayudar a que tuvieras más tiempo?

Independientemente de si decides contratar a alguien o no, algo sí es seguro: si quieres crecer tu negocio necesitas liberar tu tiempo. Para ello tendrás que intercambiar dinero por tiempo, necesitas el tiempo de alguien más para que te ayude a hacer cosas monótonas y operativas, de manera que tú puedas hacer las importantes. De otra forma, crecer tu negocio dependerá enteramente del tiempo que tengas disponible y tu día sólo tiene 24 horas. Las mismas 24 horas de 5 empleados son más de 40 horas laborales al día.

POR ESO ES TAN IMPORTANTE EL EQUIPO, porque te permite CRECER. Y es más importante que tú te vuelvas un experto en manejar a tu equipo; de otra manera, tendrás más problemas que soluciones y tu negocio no crecerá.

La mayoría prefiere no tener que lidiar con contratar porque es complicado manejar a la gente. Precisamente de eso se trata este libro: la dificultad no está en tener un equipo con el cual lidiar, sino en aprender a delegar. Entonces… ¿cómo le vas a hacer para ganar más por hora? Dedícate a lo importante y **delega** todo lo demás.

El camino de menor resistencia

Existe la teoría de que cualquier ser vivo está programado para seguir el camino de menor resistencia; es decir, en caso de que existieran dos o más posibles caminos para obtener un resultado similar, cualquiera optaría por el que ofrezca la menor resistencia o bien el que sea más fácil.

Así, una vaca elegiría el camino por donde hubieran pasado otras vacas, pues el suelo estaría compactado y sería más fácil de caminar, en lugar de buscar uno nuevo. Si de tu casa al trabajo existe un camino más rápido o sin semáforos (lo que sea más fácil para ti), es más probable que lo tomes en lugar de rodear toda la ciudad.

Cualquier persona está programada de esta manera, no es algo que hagamos consciente o malintencionadamente, sino por instinto.

Es importante entender esto a la perfección, pues es una de las causas principales por las que tu gente no hace lo que tiene que hacer: es más fácil no hacerlo.

Así de fácil, si un empleado llega siempre tarde a su trabajo es porque es más fácil llegar tarde que llegar temprano. Tal y como lo lees.

Si en tu negocio la gente llega tarde, es muy probable que sea porque es más fácil o porque "no pasa nada"; hay cierta tolerancia y, por lo tanto, estarían locos si llegaran temprano. ¿Para qué me voy a salir de mi cómoda cama si puedo dormir 10 minutos más, al cabo no pasa nada si llego tantito tarde? ¿Quién podría decirme que no es más fácil dormir más que llegar temprano al trabajo?

Por otro lado, en los lugares donde la disciplina es estricta y cada retardo tiene una consecuencia fuerte, la lógica cambia a algo similar a lo siguiente:

—¿Para qué me levanto si puedo dormir 10 minutos más?
—¡Pues porque si no te levantas ya, te despiden!
—¡Ah, caray! ¡Mejor sí me levanto!

En este escenario es más fácil levantarse que ser despedido. No estoy diciendo que despidas al que llegue tarde, sólo que si la gente está llegando tarde es porque es más fácil llegar tarde que temprano.

Espero que me hayas entendido porque lo que sigue depende de que creas en esta teoría. Si no lo haces aún, da un salto de fe y confía en mi palabra por unos minutos, te prometo que te quedará claro más adelante.

¿En que se relaciona la llegada tarde con que la gente no haga lo que tiene que hacer? Es bien sencillo; es el mismo escenario. Es más fácil NO hacerlo.

Si le encargaste el reporte de ventas a Luis, tu vendedor estrella, y no te lo ha entregado aún a pesar de que le dijiste explícitamente que era para ayer... la razón detrás de ello es bien sencilla: es más fácil no hacerlo y venderte un montón de excusas a realmente hacerlo.

Permíteme profundizar. Es probable que hacer un reporte de ventas sea un poco complicado y Luis tiene que decidir entre enfocarse en el reporte o ir a comprar unas papitas porque es la hora del snack. En ese momento Luis, queriendo o sin querer, se hace una pregunta en su cabeza: *¿qué es más fácil?, si voy por papitas y no me da tiempo de hacer el reporte, ¿qué es lo peor que puede pasar?*

La respuesta a esta pregunta es la que lo motiva a hacer el reporte o a salirse por sus papitas. Si las respuestas son "No pasa nada, al cabo nunca revisa los reportes que pide" o "No pasa nada; si me pide el reporte, le digo que no supe cómo hacerlo, que me explique de nuevo y ya después se lo entrego", entonces NO HABRÁ REPORTE Y SÍ HABRÁ PAPITAS Por otro lado, si la respuesta es: "No, el jefe es bien abusado, siempre revisa lo que pide y no me va a creer que no le entendí", HABRÁ REPORTE Y DESPUÉS DEL REPORTE HABRÁ PAPITAS (SI ES QUE QUEDA TIEMPO).

Si por ejemplo a Luis la próxima vez que lo ves le dices: *Luis, no me has entregado el reporte que te encargue para antier, ¿qué pasó con él?* y su respuesta es: *Cierto, perdón, se me olvidó, te lo entrego más tarde.* Te pregunto, ¿qué tan difícil es dar esa "respuesta"? ¡¡NADA DIFÍCIL!! ¿Ves por qué no te lo entrega? ¡Porque es bien fácil decirte que luego lo hace!

Si fuera difícil decirte que luego te lo entrega, sería más probable que dejara de "hacerse menso" y que te lo entregara, te lo garantizo. No estoy diciendo que tengamos que hacerle la vida de cuadritos a nuestros empleados, sino que no sea tan fácil que NO hagan lo que tienen que hacer. Lo más gracioso del asunto es que es lo más natural, a ti también te pasa.

Por ejemplo, tú, como dueño de negocio, tienes que pagar impuestos. ¿Qué pasaría si lo más fácil fuera NO PAGAR los impuestos? Es decir, si la Secretaría de Hacienda y Crédito Público (la institución encargada de la recaudación en México) no pusiera multas por pagar después de tiempo o por declaraciones falsas, más del 90% de los negocios (al menos en México) pagarían a destiempo, y eso si llegaran a declarar impuestos.

Lo mismo pasaría con las multas de tránsito: si no existieran consecuencias a corto plazo, poca gente respetaría los señalamientos, ¡porque sería más fácil no respetarlos! Por supuesto que a largo plazo estos dos ejemplos traerían consecuencias catastróficas para la sociedad... igual que llegar tarde puede traer consecuencias catastróficas para un empleado, pero como son consecuencias a largo plazo, parecerían imposibles y esto hace que sea más fácil hacer lo incorrecto.

No importa si tú crees que es fácil o difícil, lo que importa es lo que crea tu equipo; si tu equipo cree que es fácil tomarte el pelo, lo seguirá haciendo. Esto nos lleva al siguiente tema, la razón por la cual el camino más fácil es no hacer las cosas.

El paternalismo

Las sociedades latinas (creo) somos más paternalistas que otras. Como decimos en México, "mamá gallina siempre cuida de sus pollitos". No voy a hablar de las diferencias culturales ni voy a hacer una disertación sobre las razones por las que la sociedad es de una u otra manera. La verdad es que no importa tanto, lo que importa es darnos cuenta de lo paternalistas que somos.

Te voy a dar un ejemplo de esto. La mayoría de la gente que conozco en Monterrey, una ciudad industrial, con gente echada para adelante, con un sentido de urgencia muy característico, en fin, una sociedad aparentemente más fría y "menos" paternalista que el resto del país, deja propina a los meseros SIEMPRE. Dejar propina siempre es absurdo, sería lo mismo decir que en Monterrey el servicio SIEMPRE ES IMPECABLE, lo cual no es cierto.

¿Y qué tiene de extraño? Lo extraño es que la propina no es obligatoria, si fuera obligatoria estaría incluida en la cuenta como sucede en países como Costa Rica (Dic 2015). Por lo tanto, debería de tener alguna relación con la calidad del servicio ofrecido, ¿no? Es una manera de retribuir un servicio: me atiendes bien, te dejo mas propina; me atiendes mal, te dejo menos o NO TE DEJO PROPINA.

Cada vez que le pregunto a alguien por qué deja propina si lo atendieron pésimo, la respuesta es la misma: *¿Cómo no voy a dejar propina?, pobrecito mesero, de eso vive.* Y este es paternalismo del que hablo.

En una nota al margen: no tengo nada en contra de los meseros, yo mismo lo fui en un par de ocasiones y sé por experiencia que es una FRIEGA. Tienes que atender a personas que pueden ser amables y te puede tocar algún *hijo de su &$%&@* que espera un trato de reina de Inglaterra. Y con todos TIENES que ser amable, sonreír y aceptar lo que sea que el gritón te este diciendo.

Ser mesero es un trabajo SUMAMENTE RESPETABLE y debería de ser remunerado, siempre y cuando se haga bien.

Lo que hacemos con los meseros, de siempre dar propina, es un gran ejemplo de lo que hacemos con nuestro equipo: a pesar de que el trabajo es malo, nos sentimos mal si no lo recompensamos y el juicio en nuestra cabeza siempre es el mismo.

Con los meseros pensamos *es que pobrecitos (o pobrecita) si no les doy propina, no van a ganar dinero.* Con nuestro equipo es similar: "¿Cómo lo voy a correr?, pobrecito", "¿Cómo lo voy a regresar a su casa por llegar tarde? Pobrecito, se le hizo tarde, se le atravesó el tren", "¿Cómo voy a regañarlo? Pobrecito, no sabe hacer bien las cosas", "¿Cómo le voy a regresar el reporte que acaba de hacer? Nomás le faltó un acento, pobrecito".

¿Pobrecito? Me voy a regresar al mesero por un instante. Imagínate un escenario en el que siempre recibe buena propina, sin importar qué tan bien o mal haga su trabajo. En un lugar así, ¿qué sería más fácil?, ¿hacer las cosas pausadas, sin prisa, sin preocuparse si te falta sal o limón, sin apurarse porque te urge la cuenta u otra cerveza… (un mal servicio) o estar estresado, revisar cada una de las mesas, si ya pidieron de tomar y de comer, recordar qué pidió cada quién, pelearte con los otros meseros para que te den chance de cobrar la cuenta primero porque a tu cliente le urge regresar a la oficina? (un buen servicio), si de todos modos me voy a llevar la misma propina, ¿para qué me estreso?, ¿por qué habría de apurarme? Es más fácil no hacerlo.

¿Pobrecito, verdad?

Ahora imagínate que un mesero sólo recibe propina del 15% o nada, y recibe el 15% siempre y cuando haya dado un excelente servicio. ¿Crees que se esperaría a que le pidas salsa, sal o limón, o que se tardaría mucho con el café y la cuenta? Por supuesto que no; es más fácil estar atento, traer las cosas rápido y con buena cara que no recibir propina. ¿A poco no?

Como te podrás dar cuenta, seguimos hablando del camino de la menor resistencia, pero ahora combinado con el paternalismo.

En una sociedad paternalista, el camino de menor resistencia (el más fácil) es buscar resultados inmediatos con el menor esfuerzo; si acaso me regañan, siempre podré inventar alguna excusa, poner cara de perro regañado y se tocarán el corazón y dirán "pobrecito".

Las excusas son esa cara perro regañado. Excusas: como "no te entendí", "no sabía que lo querías para hoy", "me confundí de archivo", "se me atravesó el tren", "tuve que ir con ese cliente", "perdón por llegar tarde, lo que pasa es que tuve una junta muy importante". TODAS SON EXCUSAS.

Las excusas no son mentiras, puede que el tren sí haya pasado y haya causado un tráfico imposible, pero no deja de ser excusa, porque estoy evitando la responsabilidad y estoy diciendo que no fue mi culpa, sino del tren. ¿En realidad el tren tiene la culpa?, ¿quién es el responsable de que haya llegado tarde?, ¿acaso el maquinista dijo en cuanto se levantó: "Hoy es un buen día para hacer llegar tarde a ESTA PERSONA EN ESPECÍFICO."? Las excusas pretenden culpar a alguien que no soy YO.

Puedo decir exactamente lo mismo sin dar una excusa. Por ejemplo, un "Perdón, jefe, llegué tarde porque se me atravesó el tren y el tráfico nomás no avanzaba" se puede convertir en un "Perdón jefe, me levanté a la misma hora de siempre, pero no consideré que pudiera haber un trafical porque el tren se tardó mucho en pasar. A la otra voy a revisar los horarios del tren o me vengo por otro lado". ¿Ves la diferencia?

Esto es cultural, nuestras excusas son culturales **y son un reflejo de nuestra cultura paternalista.** Un mexicano llega tarde a muchas de sus juntas y un alemán no. ¿Será que el mexicano tiene una suerte de perro y siempre se le atraviesan el tráfico que causa las vías del tren, una nueva marcha o plantón… o siempre hay accidentes en su camino al trabajo, y al alemán o al japonés nunca? No hay ninguna diferencia entre un alemán y un mexicano, pero sí hay mucha diferencia entre la sociedad mexicana y la alemana.

La conclusión a la que quiero llegar es que NO se trata del individuo, sino de su ambiente, de su cultura, de lo que vive todos los días. Tan así, que un mexicano en Alemania se vuelve sumamente puntual. Y es muy probable que un alemán en México se vuelva impuntual.

Sólo basta observar la actitud de los mexicanos que visitan Estados Unidos: Como por arte de magia TODOS respetamos los señalamientos de tráfico, mientras que en México los límites de velocidad son meras decoraciones en las calles y carreteras.

No es el individuo, no es el mesero ni tus empleados quienes son abusivos o aprovechados. Es el ambiente, nuestra cultura paternalista, lo que hace que nos volvamos compradores de excusas y ellos se vuelvan, por lo tanto, expertos vendedores. **Esta cultura es la que nos hace creer que <u>somos responsables</u> de la gente con oportunidades diferentes a las nuestras.**

Al doblarnos porque vemos a la gente como hijos pequeños, el camino más fácil se vuelve dar excusas si las cosas no salen. Y en una cultura paternalista es más fácil dar excusas porque me las creen y no pasa nada.

Pareciera que estoy diciendo que los empleados son vendedores de excusas, alguien que ya nos tomó la medida y hace el mínimo necesario, alguien que ya nos vio la cara… por lo tanto el empleado es un problema, está mal y es necesario arreglarlo. Déjame decirte que NO es así, los empleados de cualquier sociedad paternalista parecieran ser tomadores de pelo, pero no significa que lo sean. <u>Lo que tenemos NO es un problema de empleados</u> que dan excusas, <u>sino uno de EMPLEADORES</u> que compran dichas excusas.

Regresemos al ejemplo del mesero y de cómo nos causa mucho conflicto no darles propina a pesar de un mal servicio. ¿Por qué?, ¿qué hay detrás de ello? Aunque parezca disco rayado tengo que decirlo de nuevo: paternalismo. ¿Pero qué significa? La respuesta es sencilla, realmente nos creemos esa palabra que decimos cuando justificamos la razón por la que le dimos propina: pobrecito.

Esto es un parteaguas. Si yo veo a un mesero y digo pobrecito, ¿qué es lo que en realidad le estoy diciendo? Le estoy diciendo que su trabajo es un trabajo malo y que probablemente no haya tenido otra oportunidad, que es lo único que puede y "sabe" hacer y que es la única forma que tiene de ganar dinero; por lo tanto, si no le doy propina, no tendrá nada que llevar a su casa y él y su familia morirán de hambre. Pobrecito… está descompuesto y necesito ayudarlo, darle propina a pesar de que me atendió muy mal.

¿Por qué pobrecito? ¿Qué tiene o qué le falta como para que sea un pobrecito? Sea cual sea el caso, no tengo ningún derecho para verlo hacia abajo y decir "pobrecito, estás descompuesto y necesito ayudarte". No soy más que ellos. Si el mesero te causa lástima es porque lo estás viendo como si fuera menos que tú, como si necesitara de tu propina para sobrevivir, y creo que ahí esta el más grande error.

Un hombre de 33 años nacido en Australia, casado, es mundialmente conocido por sus conferencias y relatos de vida. Podríamos decir que es exitoso en muchos aspectos. Difícilmente podrías describirlo como POBRE-

CITO. ¿Y si te dijera que nació sin brazos ni piernas y, además de que da conferencias, sabe nadar y es totalmente autosuficiente? Su nombre es Nick Vujicic.

No tengo el gusto de conocerlo, pero lo he visto y escuchado hablar. Me es imposible tenerle lástima; al contrario, lo admiro, respeto y me queda claro que no podría verlo para abajo. Entonces, ¿por qué si le puedo decir pobrecito a un mesero?

Si te dijera que un mesero en Monterrey se lleva en promedio 12,000 pesos mensuales (3 veces el salario mínimo) y que hay algunos que llegan a ganar más de 25,000 pesos (por supuesto, aquellos que hacen un excelente trabajo y tratan a sus clientes como reyes), ¿los seguirías catalogando como pobrecitos?

Una de las razones por las que un mesero no crece, sobresale y tiene más oportunidades es precisamente porque no ha entendido bien la relación entre un excelente servicio y grandes propinas. Al dar un excelente servicio, se vuelve un mesero que los mismos restaurantes piratean y se lo llevan a otros restaurantes más grandes o más caros (con mejores propinas). Y no logra hacer la relación entre un gran servicio y grandes propinas porque **siempre** las recibe, a pesar de dar un servicio con mala cara o de mala gana.

Es decir que (tú, yo y el resto de nosotros) lo mantenemos en un estado cómodo, siendo el "pobrecito" al que todo mundo le da propina. Y los meseros son tan sólo un ejemplo, un ejemplo que se repite en casi todas las organizaciones... ¿Qué tan fácil es regañar a un empleado? ¿Cuántas veces le has cobrado el costo de algún error que haya cometido? ¿Qué tan sencillo es despedir a alguien? Las respuestas se relacionan con qué tan pobrecitos son para ti.

Cuando tú ves a alguien como pobrecito, en ese preciso momento, estás aceptando que te dé resultados mediocres porque crees que no puede hacerlo mejor. En el momento en el que aceptas estos resultados (TÚ COMO JEFE), él deja de tener una razón para hacerlo diferente: "ya convencí a mi jefe de que soy malo para el Excel, y qué bueno porque así ya no me pide nada de Excel".

Ahora que te ha convencido de que no puede (de que lo veas para abajo), él mismo se convence de que nunca será bueno y, además, no tendrá motivos para mejorar. En otras palabras, cuando tratas a alguien como *pobrecito* te vuelves complice en su autoderrota e indirectamente él entiende que no está mal ser *pobrecito*.

Cambiemos la dinámica de la plática por unos momentos y hagamos un ejercicio: Haz una lista de al menos 10 maestros(as) que recuerdes en tu escuela (de preferencia de tu adolescencia para arriba). Ahora, a cada uno de estos nombres ponles el adjetivo con el que los identifiques entre exigente o fácil/relajado (*perro* o *barco*, como decimos en México). Estoy seguro de que en tu lista hay más maestros *perros* que maestros *barcos*. También estoy seguro de que con los *perros* aprendiste más que con los *barcos*.

Ahora, remóntate años atrás y vuelve a vivir esas épocas con tus maestros *perros*... estoy seguro de que los odiabas, y los odiabas porque no te compraban tus excusas. A ellos no les importaba si habías llegado tarde porque se te ponchó la llanta ni si te habías quedado a decimales en tu calificación para pasar, igual te reprobaban, tampoco les importaba si habías llegado 10 segundos tarde y te ponían el retardo.

Siendo tan exigentes y "alemanes" cómo eran, ¿cómo es que te acuerdas más de ellos que de los que hasta te dejaban copiar (los *barcos*)? Más aún, ¿cómo es posible que hayas aprendido más con ellos que con los otros?. **Desde mi punto de vista, la razón es sencilla: no te vieron para abajo, nunca dijeron "pobrecito".**

Lo anterior es tener la capacidad para ver el potencial que tienen los demás, honrar ese potencial y exigir en esas condiciones. Gracias a personas así, hoy tú sabes algo que quienes se rodearon de maestros *barco* no saben. Gracias a ellos pudiste descubrir (en mayor o menor medida) habilidades y capacidades que pensabas que no tenías. Gracias a que te vieron con el potencial y, en lugar de decir *pobrecito*, te vieron como alguien grande, responsable y capaz, empezaste a convertirte en eso precisamente.

¿Qué pasa cuando en lugar de verlos como *pobrecitos* empezamos a verlos como iguales? ¿Qué pasaría si en lugar de dejar de pedirle reportes en Excel a esta persona le dijéramos algo como: "Mira, Andrés, he visto que eres muy inteligente y quiero que crezcas en esta empresa. Quiero que veas estos tutoriales en youtube (u otras plataformas), que leas este libro, que te metas a este curso, yo te los pago. Haz lo que tengas que hacer, pero a partir de la siguiente semana vas a tener que hacerme al menos un reporte en excel; no es posible que no sepas y que no puedas aprenderlo. Si en efecto tienes razón y nomás no se te da, voy a tener que buscar alguien a quien si se le dé. Tienes una semana, si tienes dudas ven conmigo".

Podrá patalear, tratar de convencerte de todas las razones por las que no es posible que aprenda y hasta podrá enojarse pero, si te mantienes firme y no le das otra opción, pasará una de dos: aprenderá o se irá. Las dos te CONVIENEN y a ÉL también.

Desde mi punto de vista, cuando identificamos y tratamos a alguien como pobrecito le estamos quitando oportunidades de crecimiento, lo estamos condenando a que se quede como está, a que no crezca y a que sobreviva con un sueldito con el que apenas y le alcanza. **Cuando pensamos en alguien como *pobrecito*, en lugar de ayudarlo lo estamos condenando a la mediocridad en el mejor de los casos.**

Puede ser que esto sea una de las razones principales por las que países paternalistas son por lo general países subdesarrollados, pero eso es tema para otra conversación. Ahora lo que nos atañe es tu negocio, la necesidad de tener gente que haga su trabajo.

Ya hablamos de por qué es importante tener equipo, de que la gente siempre va a hacer lo que sea más fácil y de que tú eres responsable de que tu gente no haga lo que tiene que hacer (principalmente porque eres un *maestro barco*). También hablamos de cómo un *maestro perro* puede tener un impacto muy positivo en las personas y de cómo un *maestro barco* puede provocar un efecto contrario, condenando a la gente a la mediocridad. Ahora sí, ¿cómo ponemos en práctica esto?

Parte II. ¿Cómo arreglarlo?

¿Cómo ser un maestro perro?

Si quieres que la gente haga las cosas, tienes que lograr que para ellos sea **DIFÍCIL NO HACERLAS.** Aunque pareciera que existe otra opción: "lograr que hacer las cosas sea el camino más fácil", este camino es mucho más complicado porque implica estar haciendo lo necesario para que la gente tenga un trabajo más fácil o mejor recompensado. No tengo nada en contra de ello, pero creo que no es sustentable.

Hace 100 años, trabajar más de 10 horas diarias era lo normal. En porcentaje había muchos más trabajos manuales (desgastantes y difíciles) que los que hay ahora. Hoy un gran porcentaje de empleados sólo tiene que sentarse frente a una computadora y hacer compras o ventas, recibir pedidos, hacer reportes, cuadrar estados financieros o diseñar, entre miles de cosas más. Hoy en día es mucho más fácil trabajar de lo que era hace 100 años y hoy también hay una gran cantidad de excusas para no hacer las cosas.

Personalmente, no creo que haciendo el trabajo más fácil haya menos excusas. Creo que habrá la misma cantidad de excusas una vez que este nuevo "trabajo fácil" sea el estándar. Así que, en lo personal, el camino de hacer el trabajo más fácil no es la solución; creo que por más fácil que sea el trabajo, siempre será más fácil dar una excusa.

Ojalá y ese fuera el caso; sin embargo, el problema que estamos tratando de resolver no tiene que ver con que la gente no pueda hacer su trabajo, más bien tiene que ver con que la gente <u>NO desea</u> hacer su trabajo. Y no me cansaré de repetirlo, no lo hace porque es más fácil no hacerlo.

Tenemos que lograr que dar excusas y no hacer el trabajo sea más difícil que hacer el trabajo. Vamos a hacer que la gente considere como mejor opción HACER SU TRABAJO porque es más fácil hacerlo que no hacerlo. Para lograrlo no hay otra forma que yo conozca, sino convertirse en lo contrario a un jefe paternalista (*barco*), es decir: un **jefe perro**.

Mi intención NO es que tus empleados te odien, sino que se vuelvan más eficientes y en el proceso crezcan, tú y tu empresa junto con ellos.

Un jefe perro NO ES:
- Un dictador que solo espera que a todo le digan que sí y le hagan reverencia y caravana.
- Un déspota que siempre tiene la razón y que no acepta sus errores.
- Una persona odiada y temida por todo el mundo.
- Alguien que no puede tener una buena relación con su equipo.

Un jefe perro SÍ ES:
- Una persona que no deja dudas sobre lo que se espera de su equipo.
- Congruente que acepta cuando la regó y hace lo necesario para corregir sus errores.
- Alguien que puede ser amigo de su equipo sin

que esto llegue a ser algo de lo que la gente se aproveche.

- Respetado y querido.
- Alguien que sabe implementar consecuencias, por más dolorosas que parezcan en el corto plazo.
- Una persona que ve a su gente como el mejor equipo que puede tener y los motiva a crecer y a ser mejores.
- Sobre todo, alguien a quien la gente sabe que no puede verle la cara de tonto.

Lograrlo no es cosa fácil. En mi experiencia, lo más difícil es que un jefe paternalista deje de ver a su gente como "pobrecita" y empiece a verlos como grandes jugadores de equipo. Después de años y años de prueba y error, he desarrollado un método sencillo para convertir a un jefe barco en uno perro.

El miedo más grande que tiene cualquier empresario o jefe sobre cambiar su estilo de liderazgo es que la gente lo resienta y se "amotine". Teniendo eso en mente, el proceso que quiero que sigas es pausado, va por pasos y está diseñado de esta manera para que la crisis que puedas sufrir en tu negocio o tu departamento no sea catastrófica.

Este método ha sido desarrollado, seguido y mejorado por años, probado en varias decenas de casos en los que he logrado que un jefe paternalista se vuelva un jefe que logra que su equipo tenga la camiseta puesta, se convierta en un jefe admirado y respetado, y que los empleados estén más contentos que nunca.

Por supuesto que durante el proceso algunos de tus empleados te darán las gracias y decidirán retirarse, esto es inevitable y es normal. Como mencioné, la intención es que NO tengas una crisis catastrófica. Pero de que tendrás crisis, tendrás crisis.

El modelo/método en cuestión se llama **Gestión DSC** y tiene 3 partes, cada una de ellas igual de importante que las otras. Es como una mesa de 3 patas; si quitamos una, la mesa se cae. Por eso se necesitan forzosamente las 3. No he logrado hacerlo más corto o más sencillo, es lo más fácil que conozco y se divide en:

1. Bien Definir
2. Bien Seguir
3. Buenas Consecuencias.

Ahí esta, el gran secreto para convertirse en maestro perro: 3 palabras solamente, bien hechas.

Definir

En mi experiencia, las excusas más comunes cuando alguien se quiere disculpar porque no hizo las cosas o porque las hizo a medias son: "es que no te entendí", "es que creí que querías esto", "es que no me dijiste" y "es que entendí otra cosa". Esto tiene que ver con comunicación y con un principio básico de la comunicación:

> **"La responsabilidad de ser entendido es de la persona a la que le interesa ser entendido, no de la persona que está entendiendo".**

En otras palabras, es TU RESPONSABILIIDAD <u>ASEGURARTE</u> de que la gente te está entendiendo, NO ES DE ELLOS. Hay una pregunta que siempre hacemos cuando terminamos de explicarle algo a alguien… ¿ME ENTENDISTE?

¿Cuántas veces te han dicho "NO, la verdad es que no te entendí"? En mi experiencia, MUY POCAS. Cuando explicamos algo, lo que hacemos es convertir nuestras ideas en palabras que se convierten en sonidos o letras. Luego alguien las escucha o las lee, convierte esos sonidos o letras en palabras y luego traduce a ideas. Es una especie de teléfono descompuesto: tú tienes una idea, la pones en palabras, estas palabras son escuchadas y traducidas de nuevo a ideas. En este proceso existen fugas o malos entendidos casi siempre.

Por ejemplo: si te dijera "necesito que me compres un kilo de zanaohrias en el súper para después lleravlas al salón de evetnos en donde daré una conrefencia" y después te preguntara "¿Me entendiste?", ¿me dirías que sí, o que no?

Si me dijiste que SÍ, acabas de hacer lo que les pasa a tus empleados: entendiste lo que quisiste entender. Y no lo que yo quise decir. Por favor vuelve a leer la frase:

Necesito que me compres un kilo de zanaohrias en el super para después lleravlas al salón de evetnos en donde daré una conrefencia.

Luego dime: ¿en donde se compran las zanaohrias (Zana-Ohrias)?, ¿qué significa lleravlas (Llera-Vlas)?, ¿cuál es el salón de evetnos (Evet-Nos)? y… cuando doy una conrefencia (Conre-Fencia), ¿qué es exactamente lo que estoy dando?

En teoría me entendiste, ¿no es cierto? Y si en lugar de un error de tipografía quise decir exactamente lo que escribí, hubieras comprado un kilo de zanahorias, las hubieras llevado a un salón de eventos donde, en teoría, yo daría una conferencia. Pero si en realidad yo quería ZA-NA-OHRIAS (una fruta que acabo de inventar) hubieras fallado miserablemente. ¿Cuántas veces crees que alguien me hubiera dicho que no me entendió?

Lo mismo ocurre cuando le dices a tu chofer: Llévate este depósito al banco, el recibo lo regresas a la oficina antes de comer y se lo das a Juanita (la secretaria), ahí,

Juanita te dará una mercancía para llevarla a Chuchita (una clienta), Chuchita te dará un contra recibo por la mercancía y quiero que me lleves ese contra recibo a mi casa en la tarde, antes de las 4. ¿Me entendiste?

Sí, el chofer entendió lo que logró entender y, honestamente, quién sabe qué haya entendido. Pero es probable que Chuchita todavía tenga el recibo de deposito del banco y la mercancía todavía este con Juanita a las 5 de la tarde. No basta creer que dimos las instrucciones más correctas del mundo. No basta creer que tu gente es lo suficientemente inteligente.

No basta preguntar 10,000 veces si te entendieron; siempre entendieron algo y, además, creerán que entendieron lo que querías que entendieran.

A esto le llamamos Bien Definir, a que TÚ tomes la responsabilidad de definir BIEN lo que se necesita hacer. Significa dejar en claro las actividades que la gente tiene que hacer, de tal forma que sea imposible que luego te den la excusa de "no entendí" o "eso no fue lo que yo entendí". Ese será todo nuestro objetivo en este momento.

Lo primero que vamos a hacer es dejar de preguntar si te entendieron. **Vetado de por vida.** En lugar de preguntar si te entendieron, empezaremos a preguntar lo siguiente: **¿Qué fue lo que me entendiste?** Te sorprenderá ver cuántas veces te contestan cosas que no venían al caso con lo que estabas pidiendo.

Por supuesto que la pregunta por sí sola no es suficiente, si descubres que no te entendieron, entonces tenemos que volver a explicar y volver a preguntar **¿qué**

me entendiste? una y otra vez, hasta que lo que te estén contestando sea exactamente lo que les estás pidiendo. Por ejemplo:

- Necesito que me le lleves el reporte de ventas de septiembre a contabilidad para hoy en la tarde, ¿qué me entendiste?
- Que lleve el reporte de contabilidad a ventas del mes de octubre.
- No, va de nuevo, quiero que consigas el reporte de VENTAS de SEPTIEMBRE y se lo lleves a contabilidad hoy. ¿Qué me entendiste?
- Que le lleve el reporte de ventas a contabilidad.
- ¿Cuál reporte?
- El de ventas.
- ¿De qué MES?
- Ah, de septiembre
- ¿Cuándo quiero que lo lleves?
- Hoy.
- Entonces, por favor repíteme qué fue lo que me entendiste
- Que le lleve el reporte de ventas de septiembre a contabilidad hoy en la tarde.
- Exacto, gracias.

No te preocupes por invertirle tanto tiempo, será sólo al principio; cuando la gente no está acostumbrada a este "nuevo jefe" a prueba de excusas tienden a tardarse. Conforme pasa el tiempo, comienzan a tomar nota y a entender, realmente entender, a la primera y sin fallas: cuando se dan cuenta de que no tienen opción. Demos un repaso a lo que lograremos cambiando sólo esta pregunta.

En primer lugar, estaremos más tranquilos porque no quedará la menor duda de que la gente YA entiende. Muchas de las veces que no hacían las cosas y nos decían que era porque no habían entendido, realmente no habían entendido y nos decían que sí para salir del paso (al fin y al cabo era lo más fácil de hacer).

En segundo lugar, la gente sabe que sí entendió Y SABE QUE TÚ SABESS. En otras palabras, ya no pueden usar la excusa de que no te entendieron, pues ya quedaron en evidencia de que sí entendieron, ¡te lo acaban de explicar!

Al final lo que logramos es que ya no puedan usar las excusas de: "no entendí", "entendí otra cosa", "es que no me dijiste".

Al día siguiente llegabas a contabilidad y te reclamaban "¿Por qué no mandaste el reporte de ventas de septiembre?", a lo que tú ibas con la persona a quien se lo encargaste y te decía "es que pensé que era para mañana" o "pensé que querías el reporte de contabilidad en ventas" o "¡ah!, es que no te entendí bien".

Ahora, si el reporte de ventas no está en contabilidad (que todavía es algo probable) al menos no te podrán dar esas excusas. Ojalá y fuera suficiente hacer esta pregunta y listo; sin embargo, como te comenté, esto se trata de 3 patas de una mesa y esta es tan sólo la primera… además, no hemos terminado con ella.

Si bien esta pregunta es la alternativa a un ¿me entendiste?, no es lo único que vamos a hacer y sólo es necesario hacerla en ocasiones en las que acostumbrabas preguntar ¿me entendiste?. En mi experiencia esto sólo funciona cuando estamos encargando cosas sencillas, no muy complicadas.

Si yo llego a delegar un proyecto completo y le doy santo y seña de dicho proyecto a una persona, y después de explicárselo le pregunto ¿qué me entendiste?, no podrá darme TODO el detalle. Ni esa persona ni ninguna otra. Nuestra capacidad es limitada, la nuestra y la de nuestra gente, para proyectos o encargos más complicados es necesario hacer algo más.

SMART

¿Has escuchado el acrónimo en inglés SMART? Se refiere a una técnica para definir metas. Yo lo utilizo también para definir proyectos o pendientes complicados. Cuando hablamos de un encargo un poco más complicado, vale mucho la pena utilizar esta técnica y **dejar todo por escrito.**

SMART se refiere a 5 componentes que tiene que tener aquello que estás definiendo, cada una de las letras es un componente:

- **S SPECIFIC / ESPECÍFICO** (que tenga detalle, que sea específico)
- **M MEASURABLE / MEDIBLE** (que sea algo que se pueda medir, que ni a ti ni a nadie le quede duda de si se cumplió o no)

- **A ACHIEVABLE / ALCANZABLE** (que no sea algo exagerado como pedir que consigan la paz mundial)
- **R RESULT / RESULTADO** (que se defina el resultado que se espera)
- **T TIME / TIEMPO** (que tenga un componente de tiempo para cuando la tarea o proyecto tendrá que estar completo)

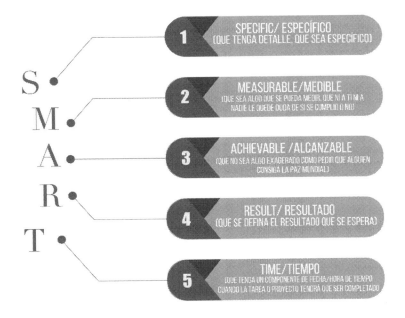

Lo que queremos lograr es que cualquier cosa que definamos (que no sean del día a día, para ello está la pregunta) sea específica, medible, alcanzable, defina un resultado esperado y que tenga un tiempo límite de cumplimiento. Pongamos un ejemplo, si decimos *Luis necesito que me ayudes incrementando el nivel de servicio de los clientes*, no es SMART ni por poco:

1. <u>No es específico</u> porque no definimos algo concreto: estamos hablando de los clientes y de nivel de servicio, ¿qué significa nivel de servicio?, ¿cuáles clientes?, ¿todos? Si Luis le hablara a los clientes para desearles feliz navidad, estaría aumentando el nivel de servicio (al menos en su mente).

2. <u>No es medible</u> porque no estamos hablando de algo que sea medible, nivel de servicio puede significar muchas cosas para muchas personas. A menos que tengas un indicador relacionado con el nivel de servicio, no es medible.

3. <u>No sabemos si es alcanzable o no</u>, si bien esta es la sección más subjetiva de las 5 letras, ¿quién define si algo es alcanzable? Además, estamos hablando de dejar de ser barcos; sin embargo, para no meternos en una discusión filosófica, dejemos que seas tú quien decide si algo es alcanzable o no.

4. <u>No define algún resultado en particular</u>. De nuevo, si Luis les habla para desearles feliz navidad, estará "cumpliendo" pero no estará logrando lo que queremos lograr. Cuando hablamos de un resultado específico piensa en la siguiente frase: "Está o no em-

barazada". Lo que queremos lograr con el tema de Resultado es que no haya medias tintas sobre si algo se logra o no. Si somos ambiguos con el Resultado, entonces estamos dando la oportunidad de que se nos entregue algo a medias y será misión cumplida para ellos, aunque no para ti. Y es más fácil dejar claro lo que quieres a detalle que discutir después tu percepción del resultado vs. su percepción del resultado.

5. Y no tiene tiempo de cumplimiento: no le dijimos para cuando.

Si en lugar de *Luis, necesito que me ayudes incrementando el nivel de servicio de los clientes*, le decimos *Luis, tienes 2 meses a partir de hoy, para que las entregas a los clientes de la zona norte bajen de 7 días promedio a 5 días promedio*. Entonces estaremos cumpliendo con la metodología SMART:

1. Es específico, hablamos de tiempos de entrega y de los clientes de la zona norte.
2. Es medible, podemos decir que se cumplió o no se cumplió de manera sencilla: si entregan en 5 días promedio a los clientes de la zona norte, entonces cumplió.
3. Es alcanzable, tiene 2 meses para bajar dos días el promedio.
4. Se refiere a un resultado concreto, es decir: tiempo de entrega, 5 días promedio, de tal forma que si logra 5.00 estará cumpliendo, pero si logra 5.1

días promedio entonces NO ESTÁ CUMPLIENDO. En otras palabras, no está embarazada. Cuando hablo de estar o no embarazada hablo de que no existen los términos "medio embarazada" o "casi embarazada"... está o no está.

5. Está medido en el <u>tiempo</u>: 2 meses a partir de hoy.

Compara las dos indicaciones:

—Luis necesito que me ayudes incrementando el nivel de servicio de los clientes.

—Luis tienes 2 meses a partir de hoy, para que las entregas a los clientes de la zona norte bajen de 7 días promedio a 5 días promedio.

La inversión de tiempo entre una y otra (para definirlas) no es tan alta y los resultados son diametralmente opuestos. Con esto logramos que la gente no nos pueda decir que NO entendió, entendió otra cosa o que "casi está". Qué hacer:

- Comienza preguntando *qué me entendiste* a partir de hoy. Puedes utilizar otras formas para que la gente no se sienta ofendida:
  - Disculpa, ¿me podrías repetir lo que entendiste?
  - Fíjate que a veces no explico bien, ¿podrías repetirme lo que entendiste? A lo mejor te explique mal y ni cuenta me di.

- Para quedarme tranquilo de que te explique bien, ¿me podrías decir qué fue lo que entendiste?

Lo más probable es que batalles para acostumbrarte a cambiar un "¿me entendiste?" por un "¿qué me entendiste?" Y es normal, no es fácil cambiar años de costumbre.

- Conforme te empieces a sentir más cómodo(a) usando la pregunta "¿Qué me entendiste?", comienza a agregar algunos factores de la técnica SMART. Te recomiendo que a todo le pongas una fecha límite y una definición clara de lo que se quiere (resultado). Estos dos son los factores más importantes de la técnica SMART para definir actividades.
- No es necesario utilizar el SMART al detalle. Recuerda, lo que queremos es que tengan la menor cantidad de excusas posibles; si no defines el tiempo de entrega, tendrán la excusa de que no sabían para cuándo era, y si no defines el resultado esperado (está o no embarazada), podrán darte la excusa de que pensaban que entregar a medias era suficiente. Por eso las considero las más importantes.
- Con la cantidad de excusas que tenemos a diario, que nos hayan entendido sirve mucho, pero no es suficiente. Para ello están las otras dos patas de la mesa.

El seguimiento

La palabra seguimiento puede significar tantas cosas que es difícil explicarlo de manera corta y sencilla. La mejor explicación que puedo dar es un ejemplo, más bien, dos ejemplos, dos escenarios:

ESCENARIO 1: Lo que debería ser.

Es inicio de mes y llegas a tu oficina con todas las ganas del mundo: este mes las cosas serán diferentes. Lo primero que haces es hablar con tu equipo de ventas y les explicas que ahora las cosas cambiaran un poco, que lograremos ventas récord y que para fin de mes habremos vendido tanto que tendremos problemas para cumplir con todos los pedidos, los vendedores están emocionados con la idea. Les pides que te manden un reporte diario de los prospectos que visitan y el status de las negociaciones abiertas para poderle dar seguimiento y ayudarlos en lo necesario, todos están de acuerdo y con esto cierras la junta, ahora si, ¡A TRABAJAR!

El siguiente paso es hablar con tu administradora, has tenido algunos problemas de flujo las últimas semanas y decides que es momento de que eso cambie.

—Mira septiembre, Lucía, es necesario hacer cosas diferentes. El flujo nos esta matando, creo que vale la pena revisar los pagos pendientes y los cobros pendientes de manera diaria, ¿qué opinas?

—Me parece bien, ingeniero, ¿entonces quiere que le pase un reporte todos los días?

—No, mejor vamos a juntarnos todas las mañanas para revisar las cosas a detalle.

—Perfecto, ingeniero, también debería hablar con compras y operaciones, estamos realizando muchas compras y está incrementando la deuda con los proveedores.

—Cierto, de hecho la siguiente junta que tengo es con Andrés (el encargado de compras/almacén/operaciones), ¿qué te gustaría que revisara con él?

—Pues que compre menos, ingeniero, básicamente.

—Bueno, lo reviso. ¿Algo más?

Le pides a Andrés que te vea en tu oficina y le explicas la situación financiera. Andrés es una persona dispuesta pero algo cerrada:

—Pero, ingeniero, ¿cómo quiere que le haga? Los vendedores me piden que tenga inventario para que ellos puedan vender, ¿les digo que no?

—No, Andrés, no se trata de eso, se trata de ver cómo sí.

—Ok, ¿pero cómo?

—Bueno, qué te parece si revisamos las compras todos los días, para ver que cosas te están pidiendo, así yo puedo hacerla de arbitro para que no pidan en exceso.

—Me parece bien, ¿vamos a revisar diario lo que se debe de comprar? ¿Me va a autorizar las compras? ¿Me espero a que autorice para comprar o cómo le hacemos?

—Sí, me parece una muy buena idea, no compres nada si no tiene mi autorización.

—Como usted diga, ingeniero.

Terminas con tus juntas y te sientes en las nubes. De esto se trata tener un negocio, de dirigir a la gente, de que ellos sepan lo que tienen que hacer. Soy un genio, cómo no se me había ocurrido antes (piensas).

Al día siguiente tienes un desayuno importante con el proveedor más grande que tienes, precisamente para hablar sobre los límites de crédito. Quiere que le pagues lo antes posible, así que tienes que ir para convencerlo de que te dé un poco más de plazo y explicarle las cosas nuevas que estas haciendo en tu empresa. El desayuno es todo un éxito, tu proveedor entiende la situación y te ofrece trabajar de la mano para reducir la deuda y para apoyarte te ofrece una semana más.

Las cosas van de maravilla. Llegas a tu oficina y los vendedores te dan la noticia de que han cerrado un cliente nuevo, una excelente oportunidad, es una cadena de restaurantes a nivel nacional que te dará el renombre necesario para atender a otro tipo de clientes, clientes más grandes, más serios. Estás feliz, no podría irte mejor.

Decides llevarlos a comer para celebrar. Cuando regresas en la tarde, te acuerdas de algunos pendientes que tienes atrasados y para cuando te das cuenta ya son las 8 de la noche, que rápido pasa el tiempo cuando uno hace lo que le gusta, piensas para ti mismo.

Al día siguiente llegas temprano y lo primero que ves en tu escritorio son los reportes de actividades de los vendedores, los reportes de flujo que le pediste a Lucía y los reportes de compras, pendientes por autorizar. Les das un vistazo, le pides a Lucía que vaya a tu oficina, definen los pagos urgentes y te pide ayuda con un cliente que tiene más de un mes de atraso.

Siguiente paso, le pides a Andrés que vaya a tu oficina, revisan el inventario las compras pendientes, autorizas algunas cosas y le pides que ponga otras en espera.

Cuando te disponías a hablar con los vendedores, recibes una llamada: se trata del cliente que tiene más de un mes sin pagar, tomas la llamada y le explicas la situación, el cliente a su vez te dice que está creciendo y que necesita de tu apoyo para lograrlo, necesita más crédito y más plazo, después de escucharlo, aceptas su propuesta y le dices que no hay problema, que cuente con ello.

Transcurre el día con más y mas pendientes y no lograste darte el tiempo de revisar los reportes de los vendedores con ellos. Así pasan varios días, con muchos pendientes, muchos fuegos que apagar. Días e incluso semanas en los que no logras sentarte con Lucía, con Andrés o con los vendedores. Pero como relojito, todos te dejan sus reportes en tu escritorio todos los días. *Esto es un equipo, qué haría sin ellos*, piensas para tus adentros.

Y así, los reportes de ventas que pediste que te enviaran los lunes llegan todos los lunes a pesar de que hace más de 3 meses que no los revisas y siguen llegando. Igualmente, pediste que la gente de ventas y la gente de cobranza se juntara todos los martes a revisar las cuentas con problemas, de eso hace 6 meses y hace 5 meses que no preguntas si se siguen juntando, pero en efecto se siguen juntando.

Tu secretaria te sigue enviando un recordatorio de tu junta con los de la asociación de comercio local, tal como se lo pediste, todos los jueves a las 8:00 am, desde hace más de 3 años, a pesar de que hace más de 6 meses ya no perteneces a dicha asociación. En fin, todo tu equipo es como un ejercito por el cumplimiento tan alto de su deber, tú les encargas algo… y ellos lo hacen siempre y lo siguen haciendo hasta que les digas lo contrario.

¿Te suena familiar? Seguramente ocurre en tu negocio. Parecería mentira lo que te platican tus amigos y conocidos que tienen negocios, ellos dicen que tienen que estar encima de la gente todo el tiempo para que las cosas se hagan, dicen que más que profesionales lo que tienen es una guardería y se la pasan cuidando niños. Pero a ti no te pasa eso. Tú das una orden y esa orden se cumple. Qué chulada de negocio tienes, ¿no es cierto?

ESCENARIO 2: La realidad.

Imagina que soy un empleado que acaba de empezar a trabajar en tu empresa. Como cualquier persona cuando comienza un nuevo empleo, estoy muy entusiasmado y feliz de conseguir esta oportunidad, es probable que hasta crea que ESTE es el bueno, aquí voy a crecer y me voy a jubilar un día, estoy ansioso por demostrar todo lo que puedo hacer y lo mucho que me importa este trabajo, estoy feliz y todo lo veo color de rosa. Digamos que estoy en mi luna de miel (como empleado con trabajo nuevo).

Mi primer encargo directamente contigo se trata de un reporte del inventario consumido el año pasado y lo necesitas a las 8 de la mañana del día siguiente.

No tengo la más mínima idea de cómo se hace ni por dónde empezar. Sin embargo, pregunto y pregunto por todos lados, me meto al sistema (sin entenderle) y, después de varias horas, logro dar con la sección de inventarios y ya son las 5 de la tarde.

En mi mente está muy claro que hoy saldré tarde, pero no me importa porque es mi oportunidad de demostrar mi valor, mi compromiso y mi palabra, así que acepto que llegaré tarde, aviso que llegaré tarde a la casa y me arremango la camisa dispuesto a trabajar, este reporte no podrá más que yo... al menos eso creo.

En el sistema por fin doy con la pestaña de reportes y me doy cuenta de que hay 10 opciones de reportes, unos con el inventario al valor actual, la rotación del inventario y otro que entrega las entradas y salidas del inventario, y todos ellos pueden ser clasificados por zona, línea, o tipo de cliente.Me quiero volver loco, no tengo ni idea de cual es el que necesitas. Después de pensar un rato, decido sacar todos los reportes, al fin y al cabo uno de ellos será.

Una hora después recuerdo que la plática de donde surgió sacar el reporte de los inventarios tenía relación con los clientes de automotriz de la zona norte. Eso reduce mis opciones, lo que es bueno, pero recuerdo también que lo que querías no era el reporte nada más, sino saber era si el cliente Motores del Norte nos era más rentable que Maquinados Automotrices, y esto lo sacarías de la rotación del inventario que cada uno tenía.

Para ese momento son las 8 de la noche y no veo para cuándo vaya a terminar, me acabo de dar cuenta de que apenas voy a empezar a trabajar. Me vuelvo a arremangar la camisa y me dispongo a usar el Excel por primera vez desde la universidad. Vacío los datos, investigo en Google cómo sacar la rentabilidad basada en la rotación del inventario, consigo los datos que me faltan y a las 11 de la noche tengo el reporte listo e impreso, lo pongo en el mejor fólder que encuentro y me retiro para regresar temprano al día siguiente, antes de las 8 para asegurarme de entregártelo personalmente.

¡Estoy feliz! ¡Logré sacar el reporte!, me tomó mucho más de lo que pensaba pero ahí estaba, listo y de una manera que del sistema no podría haber salido. Todo gracias a mí, por fin tenía mi oportunidad de demostrar lo mucho que valgo.

Al día siguiente, tal y como lo planeé, llego a las 7:45, voy directo a mi escritorio, tomo mi folder con el reporte y me dirijo a tu oficina. A esa hora nadie ha llegado todavía, soy el único. Ahí me quedo en tu sala de espera y hasta las 8:10 llega tu asistente. Le pregunto por ti y me dice que no sabe, que no deberías de tardar en llegar, que normalmente llegas a las 8:30.

Me pongo a pensar. *Si siempre llega a las 8:30, ¿por qué quería el reporte a las 8? A lo mejor me estaba probando, ¡y estoy pasando la prueba! ¡Bien por ti, Víctor!* me digo.

Son las 9:00 am y no has llegado, tu asistente me dice que no es necesario esperarte, que si quiero ella te puede dar el reporte, le digo que prefiero entregártelo personalmente para explicarle las conclusiones, pero acepto su invitación a retirarme con la promesa de que me avisará en cuanto llegues. Ya estoy en mi escritorio, son las 10:00 a.m. Ya saqué algunos de mis pendientes y me pregunto qué habrá sido de mi jefe... O sea, TÚ.

Le marco a tu asistente, ¡juro, que si ya llegaste y tu asistente no me ha dicho, me las va a pagar! Me dice que no has llegado, pero que ya te reportaste, estás en el campo de golf, se te había olvidado que tenías un compromiso ese día. Le dijiste del reporte. Le preguntas a la asistente. ¿Qué reporte?, me contesta. En fin, creo que no era tan importante el reporte y decido mejor enviártelo por correo con la explicación, si lo ocupas ahí esta.

Pasan los días y no tengo ni siquiera un correo confirmándome que has recibido el dichoso reporte, pasan semanas y el reporte ese no se vuelve a mencionar, incluso hasta a mí se me olvidó. Y así pasa con 3 reportes más, un día antes me dices que te urgen para mañana en la mañana, van 3 noches que me quedo hasta las 11 para sacar los dichosos reportes. Y van 3 reportes que ni siquiera lees o al menos no me das ninguna evidencia de que lo hayas hecho.

Cuando me pediste el 4°, me sentía sumamente mal. Tenía dolor de estómago y cabeza, y decidí irme temprano pensando que al día siguiente podría llegar temprano y hacerlo. No llegué temprano, pero lo hice lo más pronto posible. El reporte estuvo listo al medio día. Y la historia fue igual que con los otros reportes, no supe si lo viste o no.

Para el 5° ya tenía un montón de trabajo operativo y honestamente ni siquiera estuvo en mis prioridades, casi "sin querer" me olvidé de él. Estaba seguro de que no lo ibas a revisar, como había pasado con los otros reportes.

Y a partir de ahí, cuando me pides reportes, sólo asiento con la cabeza y te digo que sí, pero ya sé que no hay que hacer nada. Honestamente, este trabajo no es lo que esperaba, ya estoy en diferentes bolsas de trabajo y aquí no me siento valorado en lo absoluto.

¿Te suena a algo que ocurre en tu negocio? A lo mejor no es un reporte, a lo mejor es un diseño, un envío, una orden de compra, un depósito o una llamada a un proveedor, ¡lo que sea!

¿Cuantas veces le das seguimiento a TODO lo que pides? Te apuesto que muy pocas, tan pocas que la gente, tu gente, ya no te cree cuando le pides algo urgente o especial.

¿Cómo es que una persona que estaba feliz de trabajar en tu empresa termina aplicando en diferentes bolsas de trabajo porque ya no aguanta estar ahí? ¿Qué cambió? Podríamos decir que estoy exagerando, que no es para tanto, que tú como jefe tienes el derecho de pedir lo que sea y no tienes que revisarlo forzosamente, al fin y al cabo ellos están para hacer lo que les digas que hagan, independientemente de que lo revises o no. Por eso es que son profesionistas y no estudiantes, mucho menos niños.

¿Que diferencia hay entre el cuento de hadas donde todos mundo te da lo que pides sin importar si lo revisas y el cuento real, donde la gente deja de creer en ti y deja de hacer las cosas que les pides porque saben que no les das importancia? ¿Será que en un negocio la gente es profesional y en el otro no? No. La diferencia entre el primer escenario y el segundo es que el primer escenario NO EXISTE.

Y no existe porque tengamos gente profesional o no. Tú puedes invitar a trabajar contigo a puro graduado de Harvard, a puro ex ejecutivo de Google o Amazon, y el resultado sería el mismo.

Un jefe que pide cosas por pedirlas (así parece) es un jefe al que poco a poco la gente le pierde la fe y deja de hacerle caso, así de sencillo.

Si quiero entrenar a un cachorro, tengo que ser constante y congruente. Cada vez que se hace pipí en la sala le toca PERIODICAZO; cada vez que se hace pipí en el jardín, PREMIO.

Si un cachorro se hace pipí 10 veces dentro de la sala y lo regaño sólo 5 veces pero las otras 5 veces no, el cachorro no sabe realmente por qué le estoy dando periodicazos.

Si pudiera hablar, diría "¡Ehhh, espérate!, ¿y ese por qué fue? ¡No puede ser por la pipí, apenas ayer me hice pipí y me diste un abrazo! ¡Viejo(a) loco(a)!" Y en efecto, si crees que tu perro va a aprender porque eres medio congruente, sí eres un(a) viejo(a) loco(a).

No es la mejor comparación (un cachorro vs. un humano), pero funcionamos más o menos igual.

Si a veces revisas lo que pediste y a veces no, si a veces tenemos la junta que aceptaste tener (o peor, TÚ convocaste) y a veces no porque se te atravesó algo más "importante" o si les exiges llegar temprano pero a veces revisas y a veces no, ¡tus empleados se volverán locos! Y cómo no, si tienen un(a) jefe(a) loco(a).

Somos unos viejos locos cuando queremos que nuestro equipo siga haciendo las cosas sin darles algo de importancia (lo mínimo sería al menos revisarlo). Si lo que hago todos los días no lo revisa nadie, ¿para qué lo sigo haciendo? ¡Es más fácil no hacerlo, al cabo nadie se da cuenta!

Cualquier persona va a escoger el camino de menor resistencia, en este caso es evitar hacer las cosas que nadie revisa (revisarlo a veces es igual a no revisarlo), es más fácil arriesgarme a que me regañen, si es que se acuerdan, a partírmela para hacer un reporte o una actividad que ni siquiera es importante para ellos.

En una anécdota personal, cuando vivía con mis padres, mi padre un buen día (cuando yo tenía como 14 años) me dio tremenda regañada porque no había tendido mi cama, era la primera vez que me regañaba así por no tender mi cama.

Al día siguiente se me olvidó tender la cama y me acordé cuando ya estaba en la escuela, llegué a mi casa preocupadísimo porque mi papá me fuera a regañar. Él ya estaba ahí y en lugar del tremendo regaño que me esperaba, nos sentamos en la mesa a comer como si nada y se fue a trabajar. Y así pasaron días y semanas, había ocasiones en las que sí la tendía y había días que no.

Lo que más recuerdo es que cuando se le ocurría revisar una vez cada 5 semanas, se daba unas enojadas del demonio, a mí me daba risa (por dentro). Y me daba risa que él pensará que ESE día no había tendido mi cama, cuando en realidad llevaba todo el año sin tenderla. Y aquí entre nosotros, ya había llegado al punto en el que no la tendía a propósito para ver cuánto tiempo pasaba hasta que se diera cuenta. Hasta el día de hoy aborrezco tender mi cama.

Tal como a mí, a tus empleados les debe de estar pasando que, porque TÚ no das un buen seguimiento, empiezan a perder FE en ti y prefieren correr el riesgo de que te acuerdes.

He escuchado y visto en muchas ocasiones cómo cuando el dueño del negocio decide poner en marcha un nuevo plan de ventas o de bonos, la respuesta de los empleados (no verbal) es de "ajá", "sí, cómo no", "otra vez un experimento de 3 semanas". En este punto hasta es raro ver o escuchar que alguien tenga alguna objeción y/o repele. Todos están seguros de que sólo durará un momento.

En fin, el tema del seguimiento se puede resumir a: sí dijiste que lo revisarías tal día, MÁS VALE QUE LO HAGAS. Incluso te pediría que, si sabes que no vas a tener el tiempo para darle seguimiento, mejor ni lo pidas o lo mandes a hacer; déjalo pendiente para cuando sí vayas a darte el tiempo al menos para darle el seguimiento. Ni más ni menos. Si digo que voy a revisar algo, LO TENGO QUE REVISAR SIEMPRE, TODO.

Te tengo una mala noticia y una buena.

La mala es que TODO lo que delegues tiene que ser supervisado.

La buena es que no es tan complicado como parece. Una de las cosas que aborrecen mis clientes es tener que ser el policía, les molesta demasiado tener que ser las nanas de las personas, como si estuvieran pequeños: "¡Si yo contraté gente profesional! ¿Por qué los voy a tener que estar revisando a cada rato? ¡Ni que estuvieran en kínder!".

No es que estén en kínder, pero así aprendemos a hacer las cosas: si nadie las revisa, es más fácil no hacerlas. Es nuestra naturaleza y no creo que sea cultural, creo que ocurre en todas las culturas, algunas tienen un sentido de responsabilidad más fuerte que la nuestra, pero también personas de esa cultura se acostumbran a no hacer las cosas si nadie las revisa. Sigue siendo el camino más fácil. Si revisas, las hago; si no revisas, no las hago. No hay vuelta de hoja… y esta es la mala noticia, no tienes escapatoria.

Lo que no te he dicho todavía es que tampoco se trata de revisarlos a todos a cada rato, más bien vamos a revisar lo importante en el momento correcto.

Existen dos trucos para que este trabajo sea sencillo.

1. No pidas todo todo el tiempo, aprende a escoger tus batallas.

2. El momento correcto para revisar las cosas lo escoges tú también.

No es necesario llenarte de mil cosas que supervisar, ¡sería agotador! Y la idea principal de delegar es que te alcance el tiempo para hacer más cosas. Si hiciéramos una lista de las últimas cosas que has delegado en las últimas 3 semanas, te apuesto que tu lista tendría más de 20 cosas. Y de esas 20 cosas te apuesto lo que quieras a que más de 15 son insignificantes, cosas que se te ocurrieron en el momento algo así como:

—Por cierto, Lucía, estaría bien que te aseguraras de que la fachada quede pintada este fin de semana. ¡Ah!, Luis, te encargo mucho que el almacén quede limpio para hoy en la tarde. Andrés, por favor recuerda hablar con el proveedor para pedirle el número de guía, nos urge esa información, ¡y también te encargo que revises por qué la puerta de la cocina ya no cierra!

De todas estas cosas, la importante, la que vas a realmente a revisar, es solamente el número de guía. Las demás no las revisarás ni hoy ni mañana, probablemente las revisarás en una semana, cuando te acuerdes de que a alguien le habías encargado la fachada; a alguien más, la limpieza del almacén, y a otra persona, la puerta de la cocina. ¿Realmente tenías que delegar todo eso el día de hoy?

No estoy diciendo que lo hagas tú mismo; estoy diciendo que, si no vas a tener tiempo para revisarlo, probablemente no era tan importante en primer lugar. Y, en efecto, probablemente no son tan importantes la fachada, la puerta o la limpieza del almacén (en este caso).

Por otro lado, ¿por qué tenía que ser hoy cuando se te ocurrió que la imagen de la oficina era tan importante?, si llevamos más de un año con la fachada sucia, con la puerta de la cocina que no cierra y con el almacén patas pa arriba. No tienes que pedir todo al mismo tiempo todo el tiempo.

Si lo que urge ahorita (porque la situación así lo amerita) es un tema de servicio a cliente, entonces sí delega lo que sea relevante con servicio a cliente y asegúrate de que tendrás el tiempo y la disponibilidad para darle seguimiento. Olvídate por un momento de la imagen del negocio.

O al revés, a lo mejor lo que importa en este momento es la imagen del negocio porque viene un posible comprador o porque estamos empezando a implementar las 5s; en ese caso te diría que te enfocaras en delegar cosas que tengan relevancia con la imagen y te olvidaras de todo lo demás, al menos por un momento.

El momento correcto para revisar las cosas es cuando tú definas. Si además de escoger tus batallas, escoges la manera y el momento en que harás tu revisión, la cosa se vuelve mucho más sencilla. No tienes que revisar todo al día siguiente, ni mucho menos tienes que andar preguntando a cada ratito cómo van.

Si delegas algo y pones como fecha de revisión la próxima semana, listo, no tendrías por qué preocuparte por ese pendiente sino hasta la próxima semana cuando te toque revisar lo que sea que se haya acordado. La combinación perfecta de selección de batallas y el tiempo que decidas se llama **juntas**.

Imagínate que tienes una junta los lunes, todos los lunes, con todo tu equipo de ventas, sólo los lunes y sólo en la mañana. ¿Que crees que podrían ver en esa junta? Cómo van, qué resultados han tenido, qué prospectos o proyectos tienen etc., etc. También revisaremos cómo va tu equipo de ventas con sus pendientes (pendientes que les delegaste), digamos: "¿Cómo van con la selección del proveedor para mejorar la página de internet?, habíamos quedado la semana pasada que el día de hoy revisaríamos 3 cotizaciones y escogeríamos la mejor" o "¿Qué pasó con la reclamación del cliente Telas de París?, quedamos que hoy me ibas a dar un reporte completo de su solución".

De igual forma puedes tener una junta con cada una de las áreas, incluso puedes tener una junta de mejoras para la oficina en donde veas los temas de la fachada, la puerta y la limpieza.

Tus juntas pueden ser diarias, cada dos días, cada semana, mensuales o semestrales, no importa. Aunque te recomiendo que empieces con juntas más cercanas (para que no se les olviden los pendientes) y te recomiendo que sean constantes y recurrentes.

Es decir, si decides ver los pendientes de administración el próximo lunes, pues de una vez agenda que sea TODOS los lunes. Igual con operaciones, almacén, ventas, contabilidad, etc., etc., etc.

En lugar de tener que anotar TODOS los pendientes de TODA tu gente en una libreta, además anotar la fecha en la que vas a revisar los pendientes y después acordarte de qué cosa es la que tienes que revisar qué día y que encima de todo no impacte tu agenda con algún viaje o alguna comida; ahora sólo tienes que tener una libreta para cada junta (libreta, notas en tu celular, en tu computadora o hasta una servilleta, si quieres). Y en cada junta sacas tu libreta y revisas cuáles fueron los compromisos que se iban a revisar en esta junta, después anotas los compromisos a revisar en la próxima junta, ¡y listo!

Puede que no sea suficiente y que haya cosas extraordinarias en la semana, pero ya no serán tantas. La mayoría de los pendientes ya los tienes delegados y los revisas en tu junta de cada semana o en tu junta de todos los días.

HORARIO DE JUNTAS

	LUNES	MARTES	MIÉRCOLES	JUEVES	VIERNES	SAB.DOM.
7:30-8:30	VENTAS	VENTAS	VENTAS	VENTAS	VENTAS	
10:30-11:30	ADMINISTRACIÓN				RH	
11:30-12:30						
12-1 PM						
5-6 PM						
6-7 PM	OPERACIONES		OPERACIONES		OPERACIONES	

La diferencia es abismal. Hay actividades puntuales y hay actividades continuas, ambas requieren seguimiento; sin embargo, el seguimiento de ambas puede y debe ser diferente. Para las puntuales no tienes escapatoria, si decidiste que era importante, TIENES QUE DARLE SEGUIMIENTO PUNTUAL; por otro lado, las actividades continuas no necesitan tener un seguimiento puntual, pueden tener un seguimiento por muestra o auditoría.

DEL DICHO AL HECHO

Sobre las auditorías.

En las juntas de seguimiento no es suficiente que te digan que si hicieron lo que les encargaste, es necesario tener pruebas de que en realidad lo hicieron.

Vamos a suponer que le encargaste a un vendedor que les mandara un estado de cuenta de las facturas vencidas a todos tus clientes, en la junta de seguimiento dicho vendedor te dice que si las mandó. Lo que tenemos que hacer es revisar si efectivamente dichos estados de cuenta se enviaron en realidad o nomás te dice que sí para salir del paso.

Aquí tienes dos opciones, pasarte toda la mañana revisando todos los correos de dicho vendedor para ver si efectivamente envió a todos y cada uno de ellos el estado de cuenta correcto.

O haces una auditoría por muestra.

En lugar de revisar todos los correos, escoges dos nombres de la lista de todos tus clientes con pagos vencidos y le dices a tu vendedor, enséñame ahorita los correos que le enviaste a estos dos clientes.

Va a pasar una de dos cosas, va a enseñarte ambos correos y te quedarás más tranquilo.

O te dirá, que justamente a uno de esos dos no se le pudo mandar el estado de cuenta porque había algunas broncas en contabilidad que no permitieron que el reporte saliera correctamente.

En otras palabras:

Si esos dos clientes si tienen su reporte correcto enviado, podrás estar más seguro de que lo mismo ocurrió con los demás.

Si con alguno de los dos clientes tu vendedor te presenta alguna excusa tendrás que revisar TODO, para estar tranquilo de que realmente se hizo el trabajo encargado. Es imposible revisar todo, y lo que buscamos es ganar tiempo no perderlo revisando todo.

Hacer una auditoría por muestra nos permite revisar sin tener que revisar todo, pero lo más importante es que vamos a lograr que la gente entienda que TU SI REVISAS y aunque no revisas todo existe cierta probabilidad de que descubras si alguien te quiere ver la cara, y esto es suficiente para que la gente lo piense dos veces antes de decirte que si lo hizo (sin haberlo hecho)

Buenas consecuencias

La tercera pata de la mesa trata de tener buenas consecuencias.

Con esta sección cerramos el círculo del modelo DSC, todo el modelo consiste en hacer que la gente haga lo que se supone que tiene que hacer y la principal razón por la que no lo hace es porque sabe que no pasa nada (es más fácil no hacerlo).

Lo único que tiene que hacer para evitar entregar algo, llegar temprano o terminar el reporte es inventar excusas y vendértelas, y hasta hoy o han sido muy buenos vendedores de excusas o tú has sido un gran comprador de ellas; en cualquier caso, el chiste es que hay un tráfico de excusas que logra todo, menos que se pongan a hacer lo que tienen que hacer.

En la primer sección nos enfocamos al tipo de excusas inocentes, aquellas en donde te decían "es que no te entendí", "no sabía que era para hoy", "es que yo pensé que se hacía así y no como tú lo querías". Y lo resolvemos asegurándonos de que SÍ nos hayan entendido con la pregunta "¿qué me entendiste?" y, para casos con más detalle, con el acrónimo SMART.

En la segunda sección nos enfocamos al tipo de excusa de la cual tú eras cómplice: "pues es que como nunca lo revisas", "pensé que esto tampoco era importante" o "yo pensé que no te urgía". Y lo resolvemos haciendo revisiones en los tiempos que sean convenientes para ti.

En esta tercera sección, la cantidad de excusas que nos quedan se reducen, en realidad ya no nos tocan excusas, sino pruebas: tus empleados pasaron de ser gente inocente que no lograba entender a probar qué tan lejos estás dispuesto a llegar.

Esto es natural, lo he visto cientos de veces: en choferes, secretarias, contadores, abogados, directores, doctores y dueños de negocio. TODOS hacemos esto, consciente o inconscientemente.

De las 3 secciones, esta es la más complicada para nuestra cultura. Te adelanto, no será fácil, incluso puedo decirte que va a haber crisis, crisis de la buena, de la que genera cambios positivos. Lo que haremos es terminar de cerrarles el camino de las excusas.

Tu trabajo como jefe, como lo he mencionado varias veces, es lograr que la gente haga lo que tiene que hacer, en varias ocasiones esto sólo ocurre con algo de presión.

Piensa en una jeringa gigante que tiene una especie de pistón que aplica presión al líquido dentro del tubo para que salga por el extremo de la aguja. Ahora, imagina que la aguja está bloqueada con algo de basura y la única manera de sacar dicha basura es aplicando presión sobre el pistón para que empuje al líquido y éste a la basura, de manera que salga por el extremo de la aguja.

Si la basura es grande o está bien pegada, sin duda se tendrá que aplicar mucha más presión para que salga, de otra manera no pasará nada. Si la basura es pequeña, con un poco de presión será más que suficiente para eliminar la obstrucción.

Ahora, ¿qué pasaría si la jeringa, el tubo que contiene todo, tuviera una fuga? Si la fuga es grande, sin importar cuanta presión se aplique, el líquido saldrá por esa grieta o agujero en lugar de empujar la basura hacia afuera. Si la fuga es pequeña y la presión es grande, existe la posibilidad de que el liquido termine por hacer la grieta más grande. ¿Podrías culpar al líquido por salirse por la fuga en lugar de empujar la basura y sacarla? Por supuesto que no, el líquido hace una cosa: salir por donde haya menor resistencia. ¿Donde has leído esto antes?

Al principio del libro comenté que la gente, los animales y la naturaleza siempre elegirán el camino de menor resistencia, igual que el líquido de la jeringa. Tus empleados son como el líquido en la jeringa, buscarán salir por la vía con menor resistencia. No es que sean flojos o aprovechados, es natural para ellos como para cualquier otro ser vivo buscar el camino más fácil.

En el ejemplo de la jeringa, el pistón y la basura, tú eres el pistón (la parte que empuja), la basura son los retos, las cosas que quieres que tus empleados hagan, y el líquido son tus empleados, mientras que el cuerpo de la jeringa es tu sistema de delegación.

Mientras la jeringa sea más hermética y tenga menos fugas, será más fácil ejercer presión en el pistón para lograr tu cometido. Cada vez que aceptas una excusa, le estás enseñando al líquido que tienes fugas. Y lo que va a pasar es que va a explotarlas lo más que pueda.

Es decir, si una vez funcionó decirte que no sabía Excel y le compraste la excusa en lugar de decirle que buscara una solución en internet, esa grieta estará expuesta y de ahora en adelante la utilizará a su favor lo más posible, quizá hasta tendrá el descaro de decirte: "ya te había dicho que no sé usar Excel", como si fuera tu responsabilidad recordar de lo que son o no tus empleados.

Todo el modelo DSC tiene como objetivo convertirte en un pistón hermético, que tu equipo entienda que no hay excusas, que las cosas se tienen que lograr y que no eres el comprador de excusas que creen. Esto es justamente lo que hace un jefe perro.

La tercera parte, las buenas consecuencias, es el último tipo de grietas que necesitamos "tapar". Cuando hablo de consecuencias no hablo de castigos necesariamente, hablo de causa y efecto. Como te mencionaba al principio, si tu gente está llegando tarde al trabajo es porque NO PASA NADA. Que no pase nada es un resultado bueno para tus empleados, uno muy económico, muy barato. Si en lugar de que no pase nada, **pasara algo**… como descontar los días, entonces ya no sería tan barato llegar tarde.

Igual que el cachorro que está aprendiendo a no hacer pipí dentro de la casa: si no hubiera un regaño, no entendería que hacer dentro de la casa está mal; sin embargo, ésta no sería la única manera, también podríamos pensar en darle un premio cada vez que hace fuera de la casa y sería una consecuencia por hacer lo que se pide.

En México he visto cómo se utiliza este tipo de consecuencias (premios) para lograr el resultado deseado —como los bonos por puntualidad o por traer el uniforme todos los días—.

Desde mi punto de vista, este tipo de consecuencias son una total y absoluta tontería, son sumamente paternalistas y nos detienen como PAÍS.

Cuando contratas a alguien, lo que haces es un **intercambio**: los empleados dan su tiempo, conocimiento y experiencias, y tú les das a cambio dinero y prestaciones. Así de simple y sencillo.

En otras palabras, estás pagando un sueldo para que la gente te dé a cambio un resultado y cumpla con horarios. Llegar temprano es parte de ese intercambio, así que pagarle más es como si estuvieras pagando el doble o como si aceptaras que el intercambio de dinero por horas es injusto y necesitas darles más porque... pobrecitos.

Cambiemos un poco el contexto, imaginémonos que contratas a un plomero para que te cambie la llave del lavabo de tu baño. Si eres como yo, hablarías con el plomero y antes de contratarlo le pedirías una cotización, si eres más meticuloso hasta le preguntarías en cuánto tiempo lo tendría listo. Cuando termina el trabajo, le pagas. Digamos que lo terminó en el tiempo que te dijo y la llave ahora funciona a la perfección, entonces le pagas lo acordado, ¿cierto? En este caso, ¿por qué no le pagas más o por qué no le das un bono o una propina? Pues porque en eso fue en lo que quedaron, ¡ni más ni menos! "Pero es que llegó temprano y terminó a tiempo, ¿no se merece un premio?" Por supuesto que no, eso era lo esperado. Darle un bono sería absurdo.

Es lo mismo con tu equipo. Cuando damos un bono de puntualidad, estamos dando dinero por algo que ya estaba acordado, algo que deberían estar haciendo en primer lugar; por lo tanto, hacer esto es incongruente y paternalista. Aun y cuando te pueda resolver el problema a corto plazo, a largo plazo estás creando uno mayor: fomentas una cultura paternalista (dime qué me vas a dar extra y te diré si cumplo o no).

Conozco empresas en las que la hora de entrada PARA TODOS es a las 7 de la mañana, directores, gerentes, jefes, ejecutivos, secretarias, choferes y obreros. TODOS tienen que llegar a las 7 a.m. y no hay premios de puntualidad. Si todos pueden llegar temprano a una planta que está a las afueras de la ciudad, ¿por qué tus empleados no pueden llegar contigo a las 8 o 9? ¿Por qué hay que darles un premio para que se levanten de la cama y lleguen?

Porque en esa empresa en específico hay consecuencias si no llegas a esa hora. Y esas consecuencias son para todos.

No es que tu gente sea menos que los que trabajan en otros lados, tu equipo es mucho más capaz de lo que crees, el mismo empleado que llegaba tarde a un trabajo en donde la hora de entrada era a las 8:30, llega ahora a las 6:45 en esta empresa en donde hay consecuencias si no empiezan a trabajar a las 7.

Hablar de un bono de puntualidad es una tontería, pero no es así con todos los premios o bonos, sino **sólo aquellos que se dan por hacer algo que ya estaba definido (incluido en el intercambio) cuando contratas: esos son los bonos estúpidos.**

Hay bonos que se dan cuando existe un resultado extraordinario; por ejemplo, un bono por romper récord de ventas, un bono por superar las metas de productividad o un bono por disminuir la rotación a niveles récord. Todos estos bonos son congruentes y muy útiles porque premian de manera extraordinaria los resultados extraordinarios y, como extra, dan un sentido de recompensa al esfuerzo y generan resultados espectaculares.

Regresando al ejemplo del plomero, si el plomero termina antes de tiempo, arregló la llave que iba a arreglar pero además limpió el sarro de la regadera y el óxido de la tubería debajo del lavabo, entonces sin duda podría recompensarlo con algo extra porque hizo MÁS de lo acordado, y aun cuando no tengo que darle más, podría hacerlo sin que fuera incongruente. Sería todavía más congruente darle algo si se acordó desde antes que si hacía más cosas y terminaba antes de tiempo tendría un "bono".

Una de las complicaciones de esta sección radica en la definición de estas buenas consecuencias, **una consecuencia que se aplica sin haberse definido desde antes es devastador.** Definir buenas consecuencias es parte del buen definir, es decir, son parte de la primer parte del modelo de gestión DSC y por lo tanto se tendrían que definir desde el principio.

Sin embargo, quiero dejar algo muy claro: constantemente estamos definiendo nuevas actividades y si hay un cambio en dichas actividades podríamos decir que empezamos de cero. En otras palabras, si no definiste buenas consecuencias desde el principio, no pasa nada, lo único que tendrías que hacer es volver a definir TODA la actividad de nuevo, incluyendo el tema de las consecuencias.

No menciono o explico las consecuencias al principio porque es algo complicado de entender con tanta cosa de la que estoy hablando, dejo esta parte hasta el final a propósito para que vayas experimentando sin tanta complicación.

Lo que está prohibido es aplicar consecuencias que NO están definidas. Si lo haces, corres el riesgo de no ser un jefe perro, sino uno déspota y tirano.

Supongamos que no das bono de puntualidad, pero tampoco aplicas alguna consecuencia por llegar tarde, un día llegas a tu oficina a las 10:00 am y tu secretaria no ha llegado, es la 4ª vez que llega tarde en este mes, estás sumamente molesto y cuando llega le dices: "Es la 4ª vez que llegas tarde, te voy a descontar el día y te voy a quitar las comisiones…" ¿Qué crees que te conteste?

—¿Pero por qué?

—Pues porque llegaste tarde por 4ª vez y ya se te hizo costumbre, ¡por eso!

—Por eso, pero yo no sabía que me ibas a quitar las comisiones y que me ibas a descontar el día, ¡De haber sabido, no llego tarde!

Y efectivamente no hubiera llegado tarde si hubiera sabido que esto iba a pasar. Independientemente de que te convenza o no, si decides continuar con este "castigo", acabarás por provocar una reacción en cadena de la cual no tienes escapatoria. Acabas de perder a tu secretaria.

No se va a ir en ese momento, pues tiene la necesidad del sueldo, pero a partir de ese día empezará a buscar trabajo en otro lado y, si te va bien (leíste bien, si te va bien), encontrará trabajo en menos de una semana y se irá. Si te va mal, no encontrará trabajo y se quedará; esto es lo peor que te puede pasar, pues se quedará haciendo como que trabaja, haciendo lo mínimo necesario y ni de chiste se quedará tarde aunque se lo pidas, no pasarán más de 4 semanas para que te des cuenta de que tu secretaria ya no es lo que era. Entonces tendrás que despedirla.

¿Qué hubiera pasado si en lugar de descontarle el día y quitarle las comisiones hubieras hablado con ella para decirle LO QUE PASARÁ DE AHORA EN ADELANTE? Sin duda repelará, dirá que no es justo, que es mucho, que ella no tiene la culpa de llegar tarde, que es el tren, que son los hijos, que es lo que tú quieras. Sin embargo, tendrás más posibilidades de convertirla en una excelente secretaria.

EL MÉTODO PARA DEFINIR CONSECUENCIAS EN UNA EMPRESA PATERNALISTA

Una buena consecuencia tiene que tener 4 cosas para que funcione bien:

1. **Definición:** Debe estar previamente definida, la persona que tendrá la consecuencia tendrá

que saber qué es lo que espera y NO PUEDE SER SORPRESA.

2. **Consistencia:** Como con los cachorros, se tendrá que aplicar siempre que se tenga que aplicar y no solo a veces.

3. **Justicia:** Deberá de haber sido aceptada por la persona en cuestión; si no es aceptada, se necesita negociar para que sea aceptada, es la mejor manera para lograr una percepción de justicia.

4. **Inmediatez:** Una consecuencia que no es aplicada inmediatamente pierde poder, el objetivo de la consecuencia es que haya una liga entre la causa y el efecto, si esta ligadura toma mucho tiempo, se puede perder.

Nota: Las consecuencias no necesariamente deben de tener un contexto negativo de castigo, en lo absoluto. Una consecuencia puede ser también un premio, siempre y cuando se otorgue por algo extraordinario y no por llegar temprano. En este sentido, las 4 cosas que deben de tener las consecuencias aplica para las consecuencias "positivas" y "negativas". Por otro lado, de las 4, la que menos se cumple es la de inmediatez, pero la más complicada es la negociación justa. Al final de esta sección hablaré sobre esta inmediatez y los grandes efectos que tiene en las personas.

EL MÉTODO PARA DEFINIR CONSECUENCIAS EN UNA EMPRESA PATERNALISTA

DEFINIDA

LA PERSONA QUE TENDRÁ LA CONSE-
CUENCIA TENDRÁ QUE SABER QUE ES LO
QUE ESPERA Y NO PUEDE SER SORPRESA

CONSISTENTE

COMO CON LOS CACHORROS, SE
TENDRÁ QUE APLICAR SIEMPRE QUE SE
TENGA QUE APLICAR Y NO A VECES.

JUSTA

DEBERÁ DE HABER SIDO ACEPTADA
POR LA PERSONA EN CUESTIÓN, SI NO
ES ACEPTADA SE NECESITA NEGOCIAR
ES LA MEJOR MANERA QUE CONOZCO
PARA LOGRAR UNA PERCEPCIÓN DE
JUSTICIA

INMEDIATA

EL OBJETIVO DE LA CONSECUENCIA ES
QUE HAYA UNA LIGA ENTRE LA CAUSA
Y EL EFECTO, SI ESTA LIGA TOMA
MUCHO TIEMPO SE PUEDE ROMPER.

Como podrás ver, esta parte, la definición de consecuencias, es problemática por decir lo menos. He desarrollado un método que ha permitido que mis clientes logren definir buenas consecuencias con sus empleados sin batallar "tanto". Definir consecuencias puede ser bastante doloroso, la gente depende del dinero que recibe para vivir su día a día y mantener un estilo de vida; cuando alguien quiere definir consecuencias que afectan este estilo de vida, pelearán casi hasta la muerte para no aceptarlas, es parte natural de tener un ambiente paternalista. Imagina a un adolescente negociando un castigo, es igual de difícil.

He descubierto que es mucho más sencillo iniciar este proceso después de tener evidencia de incumplimiento frecuente en lugar de iniciarlo cuando es la primera vez que se incumple con algo. (En otras palabras, al principio conviene esperar hasta el "tercer *strike*" para definir consecuencias con cualquiera de tus empleados). Una vez que tienes esta evidencia, puedes definir consecuencias de ahí en adelante. Cuando pasa algo de tiempo, tu equipo comienza a entender a su "nuevo jefe" y ya no es necesario esperar a tener más evidencia.

Entonces, el primer paso es tener al menos 3 casos de incumplimiento en los cuales no haya duda, como: llegadas tarde, no entregar un reporte, no hacer una cita, no entregar un pedido, etcétera. Una vez que tengamos esta evidencia, entonces podemos comenzar el proceso, antes no lo recomendaría (a lo mejor estoy siendo paternalista).

El primer paso es enfrentar a la persona con dicha evidencia:

—A ver Luis, no me entregaste el reporte a tiempo otra vez y ya es la tercera vez que me lo entregas tarde o no me lo entregas.

Si Luis lo niega, tienes que demostrar que efectivamente ya van 3. No se trata de entender las razones por las que no lo entregó a tiempo, esas no importan. Lo que importa es que NO lo entregó, tu misión es demostrarle que van 3 veces que no lo entrega. Punto.

—No pero no fue mi culpa, lo que pasa es que era un reporte muy largo y no se podía sacar en el tiempo que me lo pidió.

—Y luego Pancho no me pasó la información a tiempo y pos por eso no lo pude entregar a tiempo.

—Y después yo pensé que era otro reporte y por eso no lo entregué a tiempo.

A lo que tendrías que responder:

—A ver Luis, platicamos varias veces de qué se trataba este reporte y no me puedes decir que no sabías cuándo se iba a entregar o qué se tenía que hacer porque te pregunté ¿QUÉ ME ENTENDISTE? y me contestaste perfectamente bien lo que te estaba pidiendo. Aun con todas las excusas que me quieras dar, el resultado es el mismo: me dijiste que me lo ibas a entregar para ayer a las 4:00 p,m., no me lo entregaste y es la tercera vez, ¿verdad?

Es sumamente importante que Luis acepte que no lo entregó y que sí sabía que lo tenía que entregar, tiene que quedar claro que el responsable fue él, pues a él se lo pediste.

—Ok, está bien. Tiene razón, no lo entregué a tiempo.

Generalmente, Luis estará algo molesto. A nadie le gusta aceptar sus errores, después de esto podrá venir algo así como:

—Pero le juro que ya se lo voy a entregar a tiempo, lo que pasa es que la impresora no funcionaba.

—Va a ver cómo no le vuelvo a fallar.

Segundo paso, hazle jurar que es la última vez, DESESPÉRALO.

Ya lo convenciste de que no hizo lo que tenía que hacer, no hizo lo necesario para cumplir su compromiso. Ya llevamos una gran parte avanzada, ahora tenemos que convencerlo de que defina su propia consecuencia. Tal y como lo oyes, vamos a lograr que Luis, solito, defina la consecuencia que tendrá si no cumple la próxima vez. Para lograrlo, vamos a usar algo de psicología inversa y muy sencillo: vamos a desesperarlo, lo vamos a desesperar al grado de la molestia.

—Pero a ver Luis, me dices que ahora si me lo vas a entregar, pero siempre me dices lo mismo.

—No pero le aseguro que ahora sí va a pasar.

—Y, ¿por qué ahora sí va a pasar y antes no?

—Ahora sí le voy a echar ganas.

—Entonces, ¿antes no le echabas ganas?

—No, lo que pasa es que Pedro no me lo entregaba

—¿Y ahora sí te lo va a entregar?

—Sí, ya hablé con él.

—Pero siempre me dices lo mismo. Si no es Pedro, va a ser Pancha y si no va a ser Juana y vas a decirme que no fue tu culpa otra vez.

—Bueno, ¿qué quiere que le diga?

Y listo, ya casi llegamos… necesito que lo desesperes para que se ponga en una posición defensiva de su palabra, que necesite convencerte de que tiene razón y ahora sí lo va a hacer. Cuando te digo "no te creo, no te creo, no te creo" y logro desesperarte, estás en una posición en la que demostrar que tienes razón (psicología inversa) es más importante que la consecuencia que vaya a haber. Necesitas que estén en ese estado mental para hacer lo siguiente:

—Ok, a ver, ¿estás seguro de que ahora sí me lo vas a entregar?
—¡SÍ!, ya le dije que sí.
—Pero es que sigo teniendo dudas Luis, tienes que entender que ya van 3 y me quedé esperando a que me trajeras el reporte y nunca llegó.
—Oh que la.. ¡Le estoy diciendo que sí!

Tercer paso, deja caer la bomba.

—Bueno, ok, ¿y si no?

Y la cara de Luis cambiará de enojado a sorprendido (no la vio venir).

—¿Co.. cómo?
—Sí, me dices que estás seguro de que ahora sí vas a entregar las cosas a tiempo, que ahora sí vas a echarle ganas y te quiero creer, pero necesito una garantía. Dime qué va a pasar si otra vez me lo entregas tarde.

—Pero… no entiendo.

—Es como la llegada tarde, ¿qué pasa si llegas tarde?

—Pues me descuentan el día.

—Y al ser así, yo creo que la gente se motiva a llegar temprano. ¿Cómo sé que vas a estar motivado a entregar el reporte?, ¿cuál va a ser la consecuencia si no lo entregas?

—¿Como una multa o qué?

—No, no es una multa, piensa que es como una garantía, pero si le quieres llamar multa, adelante. Yo lo que busco es quedarme tranquilo y saber que el reporte va a suceder y que vas a hacer todo lo que está en tus manos por hacerlo, porque si no lo haces algo va a pasar. Dime qué es lo que va a pasar.

—Pues no sé, usted dígame.

Deja que ellos pongan la soga. En este momento tienes que ser sumamente cuidadoso. Por ningún motivo seas quien define la consecuencia.

Mientras haces que tu empresa se vuelva menos paternalista, necesitas que sean tus empleados los que definan sus propias consecuencias, después podrás definirlas tú, pero después, cuando la gente esté acostumbrada a este nuevo jefe perro pero justo. Antes no, puede ocasionar un choque lo suficientemente fuerte como para meterte en problemas serios.

—No, dime tú, tú eres el que está convencido de que lo va a hacer, yo ya no sé si creerte.

—Ok, bueno, qué le parece si la próxima vez que no le entregue el reporte yo pago los tacos.

Busca algo justo y que demuestre compromiso. Cuidado, generalmente la primer consecuencia que definen puede ser muy simple o muy fuerte, me han tocado casos en los que me dicen que me van a pagar los tacos y otros en donde me dicen que me dan su carro. Ninguna de las dos es aceptable.

Hay dos objetivos que busco al dejar que ellos sean los que definen su consecuencia: El primero es ver el nivel de compromiso que tienen: si me ofrecen unos tacos en caso de que no lo hagan, el nivel de compromiso es muy bajo. El segundo objetivo es convertirme en su prioridad sin ser tirano.

La consecuencia que aceptes, sea la que sea, tienes que cumplirla. Tu trabajo consiste en eso, en cumplirla, así que mucho cuidado con aceptar consecuencias muy fuertes que después NO QUIERAS CUMPLIR. Porque si no las cumples, perderás toda autoridad y la gente sabrá que el comprador de excusas ha regresado. En otras palabras, todo el ejercicio habrá servido para nada.

Por eso no es aceptable una consecuencia cara, pero tampoco una barata. Una consecuencia "barata" demuestra poco compromiso porque algo que no me duele no me va a hacer cambiar. Si la consecuencia es barata, va a seguir siendo más fácil NO HACER las cosas. Lo ideal es una consecuencia aceptable, algo que te deje claro que le importa y que sea cómodo para ti cumplir en caso de que falle. Generalmente va ligado al grado de importancia que tenga la actividad de la que estamos hablando.

—¿Cómo que unos tacos, Luis? Pues mejor dime que no lo vas a hacer, unos tacos no te van a motivar a hacer el trabajo. Es más, vas a pasar por los tacos directamente en lugar de hacer el reporte.

—Bueno, ¿entonces qué quiere?

—No es lo que yo quiera, Luis. Quiero ver el nivel de compromiso que tienes, si me ofreces unos tacos me queda claro que te vale queso el reporte y prefiero que me digas eso en lugar de que me jures que sí lo vas a hacer.

—Pero es que si le doy más y luego no cumplo, usted me va a castigar y no gano tanto.

—No, Luis, lo estas entendiendo todo mal. Yo no quiero castigarte, no quiero que me des unos tacos o dinero, lo que quiero es estar tranquilo de que vas a hacer lo imposible por lograr lo que dices que vas a lograr. **Entiende una cosa Luis, yo creo que puedes entregar el reporte a tiempo; el que NO lo cree eres tú, necesito estar convencido de que crees que lo vas a lograr y para estar seguro necesito esta "garantía" de que harás lo imposible para lograrlo.**

—Bueno, le doy mi casa si no lo hago.

—Tampoco lo puedo aceptar, Luis. Déjame te dejo algo muy claro: sea lo que sea que pongas como consecuencia, voy a hacer que se cumpla en caso de que no me entregues el reporte y no pienso quitarte tu casa.

—Ok, entonces me descuenta 1,000 pesos de nómina.

Por fin tenemos material con el que podemos trabajar, si bien unos tacos eran muy poco y la casa es demasiado, 1,000 pesos puede ser algo justo. En este momento ya podemos sugerir alternativas que te dejen (como jefe) más cómodo en caso de que falle, pero lo suficientemente fuertes para que Luis no se tire en la hamaca. Y lo podemos hacer aquí porque Luis por fin dio su brazo a torcer.

—No, se me sigue haciendo mucho, pero te propongo esto, ¿qué te parece si te descuento 500 pesos si no me entregas el reporte a tiempo y como lo quiero, te parece?
—Ok.
—Trato hecho. A ver nada más para no perder la costumbre, ¿qué fue lo que entendiste de esta plática, qué es lo que vas a hacer, cuándo me lo vas a entregar y qué va a pasar si no lo entregas a tiempo?

Listo, hemos terminado. Ya está definida la consecuencia.

¿Y al revés?
A pesar de todo, como estamos acostumbrados a una cultura paternalista en la que se premia la puntualidad y traer el uniforme completo, es muy probable que te pregunten lo siguiente:

—¿Y si sí lo hago? ¿Qué me da?

En los años que llevo aplicando consecuencias de esta forma, 9 de cada 10 me hacen esta pregunta: "Ok, pero ¿Y si sí lo hago? ¿Qué gano?". ¿Cuál crees que deba de ser la respuesta correcta a esta pregunta?, ¿qué se debería de ganar alguien si hace lo que debería de hacer, alguien que hace lo que fue contratado para hacer en primer lugar?, ¿qué deberíamos de darle? Puedes contestarle algo como: "Te ganas continuar trabajando con nosotros", "Nada, ya ganas un sueldo" o lo que quieras; LO QUE NO PUEDES HACER ES OFRECER ALGO SI SÍ LO HACE.

–Pues nada Luis, ya estas ganando un sueldo, ¿no?, ¿prefieres que en lugar de sueldo te pague a destajo
–¿Cómo a destajo?
–Sí, cada vez que hagas algo te pago y si no lo haces, no te pago. ¿Prefieres eso en lugar de sueldo? porque a mí me convendría muchísimo dejar de pagarte cada quincena y pagarte sólo por lo que haces, ¿qué dices?
–No, ok, ya entendí.

¿Qué sigue? Casi lo cumplí.

Acabas de definir tu primera consecuencia y pueden pasar varias cosas:

1. Que Luis no te entregue el reporte a tiempo, que te lo entregue unos minutos tarde.
2. Que Luis no te entregue el reporte completo o como habían quedado, le faltaron 3 renglones solamente.

3. Que Luis te hable un día antes para venderte excusas de por qué no lo va a terminar a tiempo.

Lo más complicado acaba de iniciar, lo más difícil es cumplir con las consecuencias en caso de que sea necesario aplicarlas. Y esa es chamba tuya, de nadie más y además es FORZOSA, no hay escapatoria.

Ante cualquiera de estos eventos, tú estarás sumamente tentado a aceptar y ceder, aceptando que sí lo hizo o que al menos hizo su mejor esfuerzo. Mi más grande recomendación es que NO CEDAS. No aceptes excusas ni negociaciones ni nada. Aquí es donde realmente comienza el jefe perro.

Un maestro perro no te dejaba entrar al salón si llegabas un minuto tarde, te dejaba afuera con falta; no te ponía 7 si habías sacado 6.9, te dejaba el 6.9; no aceptaba tus excusas de por qué no ibas a poder entregar el reporte a tiempo ni te cambiaba la fecha del examen. Precisamente por estos pequeños detalles de maestro perro es que HOY te acuerdas con cariño de este maestro, es por estos detalles que HOY te acuerdas de lo que aprendiste en su clase y HOY eres más capaz de lograr cosas que antes, gracias a este maestro perro y sus "exageraciones".

¿Por qué tendríamos que ser tan exagerados con esto? ¿Por qué no aceptamos el trabajo tal y como está y le decimos a Luis qué le faltó y que la próxima vez debería de ponerle más atención?

Si permites trabajos entregados a medias, estás aceptando que la gente no es capaz de entregar cosas completas. Y si empiezas a aceptar cosas a medias, dime: ¿Cuándo van a llegar las cosas completas? ¿Cuándo vas a poder depender de ellos para que las cosas sucedan? Si comienzas a aceptar cosas a medias, seguirás siendo el líder que no sólo revisa, sino que corrige y hace lo que los empleados no hacen. Así NUNCA podrás dejar de ser esclavo de tu negocio.

Quizá crees que estas pequeñas "exageraciones" –un minuto tarde, un renglón que faltó, un acento que no se puso, la dirección de *e-mail* incorrecta– no son tan graves. Velo del otro lado, ¿le entregarías a un cliente una cotización incompleta? ¿Qué pasa cuando te atrasas un día en la nómina de tus empleados? ¿Qué pasa cuando quieres hacer una transferencia un minuto después de las seis desde el portal de tu banco? No son exageraciones porque estuvieron definidas desde un principio. Un minuto tarde no parece gran cosa, pero hace la diferencia entre un trabajo mediocre y uno correcto.

Además, alguien termina pagando los platos rotos: un reporte al que le faltaron algunos renglones está incompleto y, ya sea que lo corrijas o tomes una decisión equivocada, por esos 2 renglones que faltaron serás TÚ quién los pague. ¿Por qué tienes que ser tú?, ¿no es más fácil ayudar a tu equipo a que aprenda a hacer las cosas bien?

Recuerda, tu trabajo no es hacer que las cosas sucedan, es asegurarte de que sucedan.

Si puedes asegurarte de que las cosas sucedan COMO tienen que suceder y en el TIEMPO que tienen que suceder, vas a tener menos platos rotos que pagar y más tiempo para hacer crecer tu negocio. Has sido barco y paternalista mucho tiempo, es complicado entender lo que te estoy diciendo, pero al menos entiende esto: TU GENTE ES MUCHO MÁS CAPAZ DE LO QUE CREES. SON TAN CAPACES QUE CONSTANTEMENTE ESTÁN MIDIÉNDOTE, BUSCANDO ESAS GRIETAS POR DONDE LAS EXCUSAS PUEDAN ENTRAR. UNA VEZ QUE LAS ENCUENTRAN, SE VUELVE SUMAMENTE DIFÍCIL TAPARLAS.

No aceptes cosas casi completas. Y mucho menos las aceptes cuando estás tratando de demostrar que ahora eres un jefe perro. Si al reporte le faltó un renglón solamente, ¿entonces está casi completo no? Pues NO. Te tomaste el tiempo para definirle bien lo que había que hacer (buen definir), para revisar las cosas (dar un buen seguimiento) y para negociar las consecuencias que él definió (buenas consecuencias). ¿Por qué razón no debería de estar el reporte completo y a tiempo?

Como mencioné en la etapa de definición, cuando suceda este tipo de situaciones, piensa en la siguiente pregunta: ¿está o no está embarazada? No hay persona que esté medio embarazada. O está o no está. Igual con las actividades o resultados que se definieron, o están o no están, NO MEDIO ESTÁN.

Si el reporte NO está (aunque este medio completo o se haya entregado 5 minutos tarde) se deberá de aplicar la consecuencia y, por mucho que te duela, sentará un precedente: Contigo no hay excusas.

Cierto, Luis se enojará y repelará y te tratará de convencerte de que sí lo entregó. Por eso es importante la buena definición

—Lo siento, Luis, tú sabías perfectamente lo que tenías que hacer, quedamos en la fecha y me dijiste que te comprometías y que ahora sí no me fallarías. Aquí estuviste en mi oficina convenciéndome de confiar en ti, en que ahora sí lo harías, y dijiste que si no se cumplía te descontara 1,000 pesos, yo te dije que no, que mejor 500 porque esta vez sí iba a cumplir las consecuencias. ¿No fue así?

—No, pues sí

—Lo siento, el reporte no estuvo a tiempo.

Con el paso del tiempo, si haces esto, lo que va a ocurrir es que tu gente va a empezar a tomarte mucho más en serio y como efecto empezarás a ver que **NO te dicen que SÍ a todo**, te preguntarán a detalle cuándo lo quieres, cómo lo quieres y te negociarán las fechas de entrega (desde el principio y no un día antes), tendrás conversaciones como:

—Bueno, sí se lo puedo entregar pero hasta el lunes.

—¿Por qué hasta el lunes, Lupita?

—Pues es que tengo que entregar los recibos de contabilidad y enviar varios paquetes el fin de semana.

—Ok, está bien el lunes, ¿te parece bien a las 4?

Conversaciones que NUNCA has tenido en tu empresa, pues hasta ahora todo mundo te decía que si a todo y después te vendía excusas precisamente porque era más fácil.

Conclusiones y extras

Ganarle al paternalismo

Una empresa paternalista tiene empleados que se han vuelto expertos en dar excusas y resuelven sus problemas, grandes y pequeños, poniendo una cara de perro regañado y saliéndose con la suya gracias a esto.

—Es que no fue mi culpa, lo que pasa es que no había tinta en la impresora.
—Ay, no sea exagerado, jefe, si sólo me tarde un día más en entregar el reporte.

Por otro lado, una empresa NO paternalista se comporta de una manera totalmente diferente.

Supongamos que tenemos la empresa A y la empresa B. Ambas son invitadas a una licitación (concurso para ser proveedor de alguna institución) por separado, ambas empresas entregan sus cotizaciones que incluyen el tiempo de entrega y el costo total por el proyecto. Veamos cómo trabajan las empresas A y B.

EMPRESA A: Mi equipo ya me dio el presupuesto de tiempo y dinero que costará hacer este proyecto, lo reviso y lo autorizo. A la hora de realizar el proyecto, empiezan a darse imprevistos: El medidor de flujo que se requiere es alemán y no lo teníamos cotizado, cuesta 40% más de lo que habíamos estimado y nos llegará 3 semanas después.

Cambió el plano original y ahora tenemos que volver a trabajar 3 áreas diferentes y nos atrasará el proyecto 4 semanas y nos va a costar un poco más. Además, alguien de mi equipo se equivocó en una proyección y hay que modificar una instalación de paso, esto nos va a costar una cantidad considerable de dinero y nos atrasará el proyecto un poco más.

Así como esta persona, otras 10 personas en toda la empresa han cometido errores que hay que volver a trabajar, lo que se traducirá en tiempo extra y estrés para el resultado final: entregaremos 2 meses después y con un sobrecosto del 20% que el cliente no está dispuesto a pagar y comenzamos una batalla legal.

Empresa B:

Mi equipo me dio el tiempo y el dinero que costará, lo reviso y se los rechazo porque descubro algunos errores en dicha cotización, me la vuelven a enviar, ahora sin errores.

Nuestra cotización es un poco más alta que las demás porque nosotros SÍ cotizamos el medidor de flujo alemán y somos un poco más tardados porque consideramos el tiempo real en el que llegará el medidor.

El cliente quiere cambiar el plano original, pero como nuestro contrato indica que cualquier cambio tiene una penalización, decide modificar tan sólo una cosa del proyecto original. A cambio, nosotros cobramos 10% más y agregamos 3 semanas al proyecto; el cliente está consciente y acepta esto.

Alguien de mi equipo se equivocó en una proyección pero como sabía que cualquier error que alguien cometa tendría que ser pagado por la persona que lo cometió, lo resolvió a las pocas horas de ocurrido, pues estaba muy atento a todos y cada uno de los detalles.

Nadie más en la empresa cometió un error catastrófico, lo cual nos permitió continuar sin tener que volver a trabajar, sin tiempo extra ni entregas tarde.

Al final, entregamos 4 semanas antes. Como fuimos eficientes, ahorramos 20% de nuestros costos y el cliente nos pagará 10% extra del número inicial, más otro 10% como BONO POR ENTREGAR ANTES DE LA FECHA LÍMITE.

Algunas preguntas: ¿Cuál de las dos empresa crees que sea la paternalista?, ¿cuál podría sobrevivir en otro país que no fuera como México?, ¿cuál genera mejores resultados?

Cuando NO hay una buena definición, un buen seguimiento y buenas consecuencias, existe la posibilidad de que el trabajo no se tome muy en serio y que entonces la gente esté dispuesta a decir que sí a todo, sin que realmente haya un compromiso; los jefes estén dispuestos a aceptar errores, pues ellos también los han cometido y ni modo de correrlos si yo también la he regado, y que la empresa este dispuesta a aceptar los cambios que el cliente quiere de último momento sin negociar o sin ser perro para aceptarlos.

En una empresa que no es paternalista las posibilidades de decirle sí a todo SIN PENSAR EN LAS CONSECUENCIAS se reducen a cero, por lo tanto se planea mejor, pues hay una sana discusión y negociación antes de comprometerse; las posibilidades de que alguien cometa errores se reducen, pues existe una consecuencia (no digo que ya no existan errores, sino que son menores) y se vuelve más fácil revisar dos veces (antes de entregar un reporte, una cotización o una orden de trabajo) en lugar de afrontar las consecuencias.

Finalmente, las posibilidades de que un cliente cambie el proyecto simplemente porque es el cliente también se reducen, pues en una empresa no paternalista el compromiso aceptado se toma en serio: tan en serio que se toman consideraciones en caso de que el cliente quiera cambiar las cosas.

En otras palabras: El cambio que se genera en las personas al pasar de una empresa paternalista a una empresa no paternalista influye directamente en el resultado de dicha empresa. La hace mucho más confiable, competitiva y rentable.

Al ser más confiable, tu diferenciador deja de ser el precio, pues entregas las cosas en el tiempo que el cliente las necesita en lugar de vender espejitos como tu competencia. A la larga, esto hace que una empresa pueda estar al tú por tú con cualquier empresa del mundo, en cualquier lugar del mundo. Y todo comienza contigo y la manera en que defines, das seguimiento y pones consecuencias.

EN TU EMPRESA, ¿POR DÓNDE EMPEZAR?

Si tu empresa es paternalista, sólo existe una manera de dejar de serlo y es poco a poco, una batalla a la vez. Por ejemplo, si tu gente llega tarde, deberías empezar por ahí: quitar el bono de puntualidad poco a poco, de tal forma que en un año no exista, empezar a aplicar una consecuencia cada vez que alguien llegue tarde; al principio puede ser algo ligero, simbólico, y poco a poco volverse más severo para que al término de un año el asunto sea tratado de manera totalmente diferente.

La razón por la cual tiene que ser poco a poco es por el tiempo que lleva la gente acostumbrada a hacer las cosas de cierta manera. Si el día de mañana llegas a decirles que el bono de puntualidad se acabó y que de ahora en adelante habrá consecuencias cada vez que lleguen tarde, tendrás una crisis muy grande como para controlarla.

Además, no podrás implementar otro cambio en tu empresa, pues estarás muy ocupado atendiendo este problema (empleados que se van o se ponen de acuerdo y deciden llegar tarde todos para ver cómo reaccionas), podrías poner en riesgo tu negocio y no quisiera aceptar esa responsabilidad, así que mejor cambia pocas cosas y de manera pausada.

Aunque suene paternalista de mi parte, estamos hablando de cambiar una cultura completa en una organización. La persona que te diga que se puede hacer de la noche a la mañana no sabe lo que está diciendo. **Así que, a menos que tengas los recursos suficientes como para iniciar tu negocio desde cero de nuevo, yo recomendaría hacerlo poco a poco.**

Por cierto, además de hacerlo poco a poco, necesitas leer la siguiente parte: las vacas sagradas. Si descubres que tienes una o varias vacas sagradas, tendrás que hacer las cosas un poco diferentes; las vacas sagradas se cuecen a parte.

OTROS MÉTODOS

Si hablamos de la cantidad de cosas que podemos hacer con el equipo, el modelo DSC se queda corto. Existen muchas muchas cosas que se pueden y deben hacer, quizá deberías pensar en compensación variable, *balanced score card*, encuestas 360 para revisar el ambiente laboral, iniciativas que fomenten la cultura y valores de la empresa etc., etc., etc.

Todos estos temas serán útiles en su debido momento. Pero antes de pensar en cultura, valores, visión, misión y otros, necesitamos pensar en darte tiempo (a ti, al líder) para hacer actividades estratégicas que te permitan salir de una posible situación de esclavitud.

SABER DELEGAR es la forma más efectiva para que el líder de un grupo deje de hacer las cosas que deberían hacer los empleados contratados para ello en primer lugar y, al dejar de hacerlas, tenga más tiempo para planear y lograr cosas más grandes, estratégicas y a largo plazo.

Por eso es que sólo toco ESTE tema en el libro y creo que NO es necesario hablar de otro tema además del de las vacas sagradas (viene a continuación), hasta que sepas delegar mejor.

SOBRE LA INMEDIATEZ DE LAS CONSECUENCIAS

¿Cuantas veces has estado a dieta, has querido dejar de fumar o has querido irte a Europa de vacaciones sin lograrlo? Si eres como el resto de los humanos, tu respuesta será "más de una". ¿Sabes por qué nos cuesta tanto trabajo hacer este tipo de actividades o lograr estos resultados?

Porque parece que no pasa nada si no lo hacemos. Dime qué pasa si HOY, en lugar de comer la ensalada, te comes una pasta. Por supuesto que pasa algo, pero no pasará hoy, sino en algunos días o semanas, definitivamente no hoy. HOY NO PASA NADA.

Si lo piensas bien, todos los miembros de tu equipo tendrán consecuencias independientemente de que seas un jefe perro o no, de que haya castigos por llegar tarde o premios por llegar temprano. Alguien que no hace su trabajo bien tiene muchas más posibilidades de perderlo que quien sí lo hace, la persona que llega temprano tiene muchas más posibilidades de conseguir un aumento que aquella que llega tarde, un miembro de tu equipo que constantemente pone excusas, será alguien a quien no considerarás para ocupar un puesto más importante.

Independientemente de las consecuencias que pongas, la gente sufrirá las propias. El mundo es así, se rige por una ley de causa y efecto, independientemente de si lo notamos o de si lo forzamos.

Si la gente de cualquier forma va a tener una consecuencia, para qué tengo que poner una consecuencia yo. Peor aún, ¿por qué tiene que ser inmediata? Todo el asunto de las consecuencias artificiales parece una tontería. Pero no, no es una tontería, y no es una tontería porque a ti te ocurre algo parecido. ¿Por qué se te complica mantenerte a dieta? Ya sabes que los niveles altos de colesterol o triglicéridos pueden ser un riesgo (ya existe una consecuencia por no comer bien), ¿entonces por qué sigues comiéndote las gorditas con refresco y sigues sin hacer ejercicio?

Cuando hablaba del camino de menor resistencia decía: "En una sociedad paternalista, el camino de menor resistencia siempre será hacer las cosas que me den un resultado aparentemente positivo e inmediato".

Entre comerte un pastel o una zanahoria, ¿cuál es el camino de menor resistencia? Aun cuando sabemos que existen consecuencias que no queremos, que no nos gustan –diabetes, obesidad, sentirnos mal con nosotros mismos, etcétera–, comerse el pastel es sumamente sencillo porque ahí está y además sabe delicioso, me da un placer inmediato. Si eso te puede ocurrir a ti, ¿por qué no lo podría ocurrir a tus empleados?

Y si en lugar de tener ese gran sabor a pastel recibieras un shock eléctrico cada vez que comieras algo con azúcar... ¿qué sería más fácil?, ¿comerte el pastel o no?

El ejemplo no es el mejor pero deja clara una cosa, si logramos hacer que esos pequeños placeres inmediatos y tontos dejen de ser tan placenteros y se vuelvan dolorosos, entonces dejan de ser el camino fácil.

Tú sabes que si uno de tus empleados se vuelve responsable, aprenderá a usar Xs sistema, a hablar ingles, y hará *x* y *y* cosa, este empleado tendrá un mejor futuro que aquel que llega tarde, no le interesa aprender nada nuevo y no sabe hacer nada nuevo.

Sabes que por sí solo tendría consecuencias favorables si hiciera todo lo que le pides que haga. Y esto es lo gracioso, aunque ellos también lo sepan, sigue siendo difícil hacerlo o mejor dicho es más fácil no hacerlo.

No importa si les explicas con lujo de detalle lo que van a lograr en un futuro si te hacen caso y hacen las cosas. No importa si les prometes hacerlos socios en 5 años si hacen algo hoy. Y no es por falta de ambición o falta de confianza de que vayas a cumplir con tu palabra; es porque es más fácil dormirse esos 10 minutos extra y llegar tarde en vez de pensar en ser socio de la empresa.

Y aunque hay muchas maneras de despertar ese motor interno que nos permite dejar pasar la satisfacción inmediata a cambio de un resultado a largo plazo, no tenemos el tiempo para hacer el *cocowash* a todo nuestro equipo, **sin duda eso sería lo mejor y trascendental (si tienes el tiempo).**

No hay nada como la consecuencia inmediata para lograr esa relación de causa efecto y obtener resultados rápidos. Entre tener mis comisiones cada 15 días o tenerlas cada 3 meses, ¿cuál crees que sea más efectiva para motivar a tus empleados? Lo mismo ocurre con las consecuencias: si la consecuencia no es inmediata, el efecto será casi nulo y lo único que lograrás es que la gente crea que eres un líder déspota y tirano.

¿CUÁNTO TIEMPO DURA ESTE PROCESO?

¿Durante cuánto tiempo tengo que definir bien, dar un buen seguimiento y aplicar consecuencias? ¿Cuándo se acaba? En una palabra: Nunca.

Imagina que ya te acostumbraste a pagar tus impuestos puntualmente y lo haces por que es tu deber, pero también sabes que hacienda esta muy estricta y las multas son gigantescas. Un mes tienes problemas de flujo y un cliente no te alcanzó a depositar el día que te había prometido, la fecha límite para pagar los impuestos es mañana y no tienes nada en el banco. Tratas de conseguir el dinero por todos lados, pero no logras conseguirlo. Aceptas que te llegará una notificación y posiblemente una multa por no haber pagado a tiempo. Al final del día siguiente por fin recibes algo de dinero en tu cuenta y pagas hasta al siguiente día los impuestos.

Estas súper preocupado porque sabes que ahora la multa será por 2 días de retraso. Pero la multa nunca llega, por más que revisas tu correo y checas con tu contador, no hay multa, ni siquiera hay un registro de que hayas pagado tarde. NO PASÓ NADA.

El siguiente mes pasa lo mismo y te vuelves a preocupar, pero después de pagar con 5 días de atraso, no hay multa ni hay registro de atraso. Empiezas a pensar que los de hacienda no son tan perros. La siguiente vez que te atrasas ya no te preocupas, incluso un mes te atreves a esperarte 15 días para ver qué pasa Y NO PASA NADA.

¿Qué crees que pienses en ese momento de hacienda? ¿Qué tan en serio te tomarías pagar los impuestos? ¿Qué tan probable es que lo platiques con amigos empresarios? Lo mismo pasaría con tu equipo si decides dejar de hacer las revisiones, de aplicar las consecuencias o de dejar de definir bien las cosas desde un inicio.

No lo van a hacer con ganas de salirse con la suya, tu gente es valiosísima y sin duda quiere lo mejor para la empresa, no es que quieran aprovecharse de ti. Es más una especie de instinto natural que nos impulsa a seguir buscando el camino de menor resistencia, a seguir probando limites, a ver qué pasa si no hago algo y si no pasa nada, entonces ese podría convertirse en el camino de menor resistencia.

Es por eso que "delegar" no es algo que se deje de hacer una vez que la gente ya aprendió, sino algo que tiene que continuar para evitar que regresen las excusas.

¿CÓMO SÉ QUE YA DELEGO BIEN?

¿Cómo sé si voy por buen camino? Hay varias cosas que vas a notar que cambian con tu equipo:

1. Van a empezar a hacer más preguntas cuando pidas algo, preguntas de detalles, preguntas que antes no hacían: ¿En que formato lo quieres?, ¿lo quieres en tu escritorio o por correo?, ¿a la 1:00 o a las 12:45?
2. Ya no te van a decir que SÍ a todo, ahora serán más bravos para negociar.

—Necesito que me entregues el reporte para mañana a las 12 del medio día.

—Para mañana a medio día no se va a poder.

—¿Cómo?

—Tenemos programada la entrega de Farmacias XYZ a esa hora y, como es la primera entrega, quiero ir yo a supervisarla

—Ah, ok, bueno, ¿a qué hora me lo puedes entregar?

—Puedo para el jueves a las 5

—Pero hasta el jueves es muy tarde.

—Bueno, podría entregarlo antes pero necesitaríamos mover la cita del proyecto con la maquiladora

—¡La cita! Bueno, no, no te preocupes, se lo voy a encargar a José Luis.

3. Te empezarán a hablar o buscar para negociar fechas de entrega o cambios en los reportes desde mucho antes que el reporte se tenga que entregar (y no un día antes): "Ingeniero, le hablo para avisarle que la impresora se descompuso y no tengo manera de imprimir su reporte, ¿se lo puedo dar en formato electrónico?"

4. Tus juntas empezarán a tiempo y terminarán a tiempo. Todo mundo tiene cosas que hacer, ahora tienen que cumplir con todas y sabrán que hay consecuencias por llegar tarde a las juntas y serán también quienes impulsen para que las juntas sean cortas y productivas.

5. Te darán menos excusas, como quiera te darán excusas pero serán menos y menos. También podrían empezar a ser más, más elaboradas y mejor armadas.

Conclusiones

Piénsalo bien antes de ceder frente a las excusas de tu equipo. Tu gente es mucho más capaz de lo que crees, no seas TÚ quien los detiene, mejor conviértete en alguien que los empuje a lograr cosas que ni ellos mismos creen que pueden.

Por supuesto no todo será color de rosa. A partir de que no aceptes la primer cosa medio hecha, empezaran a tacharte de sangrón y exagerado. Te adelanto que no ganarás ningún concurso de popularidad y tendrás mucha, muchísima resistencia. Aguanta.

Por otro lado, habrá empleados que te digan adiós. Curiosamente, aquellos que se vayan serán los vendedores profesionales de excusas, aquellos que ya te tenían tomada la medida: empleados que no quieres contigo.

Lo que te puedo asegurar es lo siguiente, los que se queden y acepten el "nuevo" jefe, batallarán al principio y ya no te saludarán con gusto cuando llegues en las mañanas. ¡Esto es temporal!, en menos de 3 meses la gente empezará a ver que haces lo correcto, que no eres injusto. A lo mejor seguirás siendo sangrón porque no aceptas sus excusas, pero después se les pasará y, tal como te pasó con tus maestros perros, habrá un momento en el que te lleguen a admirar y a respetar, cosa que hoy no hacen.

Las buenas consecuencias es por mucho la sección más complicada de entender y de aplicar en un ambiente paternalista como el que tenemos en México. Estamos acostumbrados a que una persona exigente y que cumple con las consecuencias sea considerada sangrona o perra. Se convierten en personas *non gratas*.

Tanto, que hoy en día los estudiantes universitarios sólo escogerán a un maestro perro si es la última opción, son pocos los que los escogen como primera opción. Es esta misma cultura paternalista la que fomenta que hoy en día (en México) estemos acostumbrados a que sean pocos y raros los empleados que llegan temprano, a que sean pocos proveedores los que entregan a tiempo y a que sean pocos los que hagan lo que se supone que deben hacer.

Vacas sagradas

Una vaca sagrada es aquel empleado que se ha vuelto INDISPENSABLE para ti. Ya sea porque es el único que sabe operar una máquina, el único vendedor que vende, tu secretaria super eficiente o tu administradora, la única que sabe usar el sistema al 100%. **Una persona indispensable no es un problema, hasta que sabe que es indispensable y empieza a actuar como diva.** Te explico:

Contrataste a una vendedora nueva. Al principio no era la mejor, pero poco a poco fue consiguiendo más y más clientes hasta que consiguió ser la mejor vendedora que has tenido, tanto que trae el 60% de las ventas. En este momento se volvió indispensable. Todavía no es una vaca sagrada, se volvió vaca sagrada en los siguientes meses y la razón es muy sencilla: poco a poco se dio cuenta de que la tratabas diferente.

- Si llegaba tarde hablabas con ella, pero si alguien más llegaba tarde, los regañabas.
- Si tenía un compromiso y necesitaba un permiso, se lo dabas y a los demás no, hasta les descontabas el día.
- Si un día no llegaba, le hablabas 3 veces a su celular para ver si todo estaba bien y con los demás no; si no llegaban, los corrías.
- Cuando te pidió días extra de vacaciones, se los diste y a los demás no.

Se fue dando cuenta de que era diferente. Y es probable que ahora llegue tarde todos los días, se tome los viernes por la tarde y cuando la quieras regañar te amenace con irse (eso significaría perder el 60% de tus ventas). La mayoría de los dueños, sobre todo los que son esclavos de su negocio, deciden ceder y dejar que haga lo que quiera. Y cómo no hacerlo, estamos hablando del 60% de las ventas.

Y así puede pasar con tu operador estrella, el que sabe como componer todas las máquinas, tu secretaría, tus contadores o quien tú quieras. Cuando se dan cuenta de que son indispensables, comienzan a actuar como divas. Y lo hacen porque saben que NO HARÁS NADA.

¿Cuál es el problema con esto? Una vaca sagrada no necesariamente es un problema al principio, pero sí cuando se sabe vaca sagrada y comienza a **exigir** un trato privilegiado, es entonces cuando comienzas a tener un verdadero problema. De repente esta persona ya no trabaja para ti, sino que ahora trabajas para ella. Te tiene secuestrado y si no haces lo que te pide, te amenaza con irse. Sabes que si se va, podrías quebrar.

En más de una ocasión ha ocurrido que el dueño se harta y llega al límite de su paciencia, termina enojado y toma la decisión de correr a dicha persona en un arranque de enojo. Si bien la historia no siempre termina con un negocio quebrado, siempre termina con una crisis, con un dueño que tiene que regresarse a hacer tareas operativas porque su vaca sagrada ya no está.

Así que si tienes una vaca sagrada tienes 3 opciones.

- Aguantarte cuando se comporta como una diva y ser quien trabaja para ella.
- Despedirla y volverte el vendedor, operador o lo que sea que esta persona haga.
- Jugar ajedrez.

Con jugar ajedrez no hablo de otra cosa sino de hacer movimientos de forma estratégica para lograr un objetivo solamente: Que esta persona ya no sea indispensable (o que crea que no lo es).

En esto radica todo el conflicto. Una persona indispensable, tarde o temprano, se dará cuenta de que sin ella no hay negocio y por lo tanto se convertirá en diva, pero si deja de ser indispensable ya no tiene nada de que agarrarse: Si te amenaza con renunciar ya no importa, ya hay alguien o algo que hace lo que esta persona hacía. Ya no es indispensable.

Así, si tu vendedora estrella consigue el 60% de tus ventas, ¿qué pasaría si tuvieras a otros 2 vendedores estrella que lograran vender lo mismo que ella? Ya no sería tan complicado correrla. Si tu operador estrella es el único que sabe usar todas las máquinas, ¿qué pasaría si tuvieras a 3 operadores que supieran usar todas las máquinas? Si tu secretaría es la única que conoce y sabe manejar el sistema perfectamente, ¿qué pasaría si tuvieras a otras 2 personas que supieran usar el sistema al 100%? El problema de raíz está en la dependencia que tienes con esta vaca sagrada.

Mis clientes Tomás y Carlos tuvieron una seria crisis de vacas sagradas en su negocio. Tenían un negocio de organización de eventos audiovisuales, conferencias, informes de juntas de consejo, *simposiums*, etcétera. Lo que los caracterizaba de su competencia era la enorme calidad con la que hacían los eventos, se preparaban con mucho tiempo y eran expertos en temas de audio y video.

Uno de los dos hermanos siempre tenía que ir a los eventos y al ser 2 o 3 por semana, se estaba volviendo insoportable. La razón es que tenían que cerciorarse de que las cosas salieran a la perfección. Yo no entendía por qué no lo hacía su gente, a lo que me decían:

—Lo que pasa es que la gente que sabe de esto a veces va y a veces no va.

—¿Cómo? —preguntaba yo.

—Sí, tenemos a Don Pedro. Es un fregón en estos temas, pero a veces va y a veces no.

—¿Cómo que a veces va y a veces no? Si Don Pedro no nos esta sirviendo, ¿por qué no le pedimos a alguien más que lo haga?

—Es que es el único que sabe usar todas las consolas y es el que sabe como solucionar todas las broncas, no podemos correrlo.

—¿Y nadie más sabe hacerlo?

—Es que no es tan fácil ,Víctor. No tenemos tanta gente de planta, la mayoría de nuestros ayudantes son eventuales y, aunque se comprometen y sacan la chamba, pues no saben. Como no les pagamos un sueldo fijo, no los podemos obligar a que vayan a un entrenamiento. Y alguien con el conocimiento de Don Pedro es imposible de conseguir y si lo encontramos nos costaría muchísimo dinero.

En pocas palabras, después de muchas semanas logré convencerlos de que creáramos talento interno e hicimos un plan de entrenamiento para los eventuales.

Hicimos una especie de escuelita: varias materias que tenían que aprender y cada vez que aprendían una materia les pagábamos más por evento porque ya eran especialistas. Al cabo de un año teníamos un montón de gente muy bien entrenada; sin embargo, ninguno como Don Pedro. Don Pedro seguía siendo el campeón.

No hubo necesidad de esperarnos a tener un campeón para generar un cambio. Don Pedro sintió la competencia y se dio cuenta de que no era tan indispensable, que en cualquier momento alguno de esos muchachos podría llegar a donde él estaba.

Hubo un giro de 180° con Don Pedro. Pasó de ser una vaca sagrada a ser un empleado ejemplar y no hubo necesidad de reemplazarlo. Antes de cumplir el año, los hermanos ya no tenían que ir a todos los eventos. Don Pedro se encargaba de la mayoría y lo hacía muy bien.

Así que, si tienes una o varias vacas sagradas, te recomiendo hacer lo siguiente: ¿Estas seguro(a) de que realmente es indispensable? ¿Nadie más lo puede hacer en tu compañía?

- Si la respuesta es "no, no es indispensable", aplica el modelo DSC (buen definir, buen seguimiento, buenas consecuencias) con esta persona cuanto antes, ya vas tarde.
- Si la respuesta es "sí, es indispensable", <u>antes de aplicar el modelo</u> comienza a buscar o desarrollar a su reemplazo. Hasta que no lo tengas o no veas cambios en su actitud, no apliques el modelo. La razón es simple: si la persona es indispensable, no te darás permiso de aplicar las consecuencias que estas definiendo y, si no aplicas las consecuencias, no tiene sentido que hagas nada del modelo DSC, simplemente te irá peor.

Además de volverte esclavo de tu negocio y de tus vacas sagradas, hay otra razón por la que no nos podemos quedar con las vacas sagradas: se vuelve contagioso.

Si hoy en día tienes una vaca sagrada, en algunos meses tendrás 2 y pronto tendrás 3. Si no haces algo con tu o tus vacas sagradas, tendrás un negocio enfermo de cáncer en todos los niveles.

Sobre desarrollar el talento o reemplazar a la vaca sagrada: Ten en cuenta que no es necesario encontrar un reemplazo perfecto… ni siquiera es necesario encontrar un reemplazo cercano. Lo importante es que la vaca sagrada perciba que estás buscando gente, estás entrenando gente o estás dispuesto a correrlo. Y esto es suficiente para que deje de comportarse como diva.

Delega bien, de Víctor Salgado, terminó de
editarse en diciembre de 2018.
Para su composición se utilizaron las
tipografías Avenir Next 12/14.4 y
Raleway 28/33.6

Made in the USA
Middletown, DE
02 April 2021